그리스도인들이 세상을 향해서 신앙을 나타내 보일 수 있는 곳으로 일터가 가장 대표적일 것이다. 예배당이 신앙을 심고 키우는 곳이라면 일터는 그 신앙을 보여주고 전하는 곳이다. 그런데 많은 그리스도인들에게 일터는 신앙과 무관하게 그저 돈을 벌기 위해서 어쩔 수 없이 가야 하는 곳이 되어버렸다. 성경은 그렇게 가르치지 않지만 그런 식으로 배워왔기 때문이다. 오랜 기독교 전통을 가진 유럽교회도 크게 다르지 않은 모양이다. 이 책은 이안 코피 목사가 그런 현실을 안타깝게 생각하면서 그리스도인 직장인들을 위해서 쓴 책이다. 한국교회의 직장인들에게도 아주 유익한 직장 사역의 매뉴얼이 되었으면 좋겠다.

방선기 | 목사, 직장사역연합 대표, 「크리스천 직장백서」 저자

얼마 전, 누군가에게서 같은 교회에 다니는 직장 동료가 마음을 힘들게 한다는 얘기를 들었다. 그는 교회에서는 온화한 얼굴과 경건한 말로 열심히 봉사하는 믿음 좋은 성도였으나, 직장에서는 고압적이고 험한 말로 다른 사람들을 불편하게 만드는 동료였다고 한다. 그 이중적 태도 탓에 교회에서 그를 만나는 게 불편하고 그래서 교회에도 가기 싫을 지경이란다. 이렇게 교회와 세상이 분리된 모습의 교인들이 얼마나 많을까, 그리고 나 또한 예외는 아니겠구나 싶었다.

교회에서는 하나님을 입에 올리지만 회사에서는 '어쩔 수 없이' 세상 돌아가는 방식에 적응해 살아가는 우리들이다. 교회 일, 목회자의 일만이 하나님의 일인 것 같고, 물건을 팔고 아기 기저귀를 갈며 서류 복사를 하면서는 하나님을 떠올리기 어려워한다. 왜 일을 해야 하는지, 어떻게 일을 바라봐야 하는지 고민하는 분들이라면 이 책을 읽은 뒤 나처럼 골로새서의 말씀 한 구절을 책상 위에 붙여놓을지도 모르겠다.

이명희 | CBS 아나운서

"오직 의인은 믿음으로 살리라"라는 화두는 믿음의 출발선에만, 혹은 주일에 교회에서만 필요한 말이 아니다. 저자는 일터와 삶터에서, 그리고 일요일(주일)뿐 아니라 월요일부터의 삶에도 믿음이 필요하다고 말하고 있다. 목사이면서 동시에 직장 생활의 경험이 있기에 주제를

매우 참신하게 풀어나가고 있으며 어떻게 주일과 나머지 6일의 삶을 연결시킬 것인가에 대한 핵심적인 주제들을 잘 다루고 있다. 공동체가 함께 읽고 나누면 유익이 많은 책이다.

지성근 | 목사, IVF일상생활사역연구소 소장

이 책은 양질의 정보와 격려, 성경적 도전을 풍부하게 담은 보물 창고와 같다. 사무실에 출근하는 샐러리맨이든 어린 자녀들과 씨름하는 가정주부든, 유급직이든 자원봉사자든, 일과 직업의 세계에 몸담은 사람이라면 누구나 이 책 안에서 귀한 보물을 발견할 수 있을 것이다.

피오나 캐슬 | 무용가, 방송인

오늘날 누군들 자신의 일로부터 의미를 찾고 싶지 않을까! 일의 목적을 발견하는 것은 우리 모두의 가장 큰 열망이자 도전이다. 여기에 아주 유용한 책 한 권이 있다. 어떻게 하면 이 열망을 성취할 수 있는지에 대해 얘기하는 한 목회자의 목소리가 담겨 있다. 이 책을 읽는 동안 멋지고 놀라운 경험을 하게 되리라.

켄 코스타 | 전 영국투자은행 부총재, 알파 인터내셔널, GodatWork 대표

동기 부여 강사로서, 나는 매달 수천 명의 직장인들 앞에 서는데, 이안의 이 책이야말로 실용적이면서도 독자에게 필요한 일을 하도록 강하게 북돋우는 미덕을 지닌 책으로 사람들에게 추천하고 싶다. 이 책 덕분에 월요일 아침 직장 문을 들어서며 신앙생활을 포기하는 일을 멈춰야겠다는 커다란 도전을 받았다.

데브라 설 | 동기 부여 강사, 탐험가

WORKING IT OUT

God, you and the work you do

하나님은 월요일에 무슨 일을 하실까?
당신이 하는 일과 신앙의 관계

Copyright ⓒ Ian Coffey 2008

This translation of *Working It Out* first published in 2008
is published by arrangement with Inter-Varsity Press, Nottingham,
United Kingdom through rMaeng2, Seoul, Republic of Korea.

All rights reserved.

This Korean Edition Copyright ⓒ 2011 by Holy Wave Plus,
Seoul, Republic of Korea.

이 저작물의 한국어판 저작권은 알맹2 에이전시를 통하여 Inter-Varsity Press (UK)와 독점 계약한 새물결플러스에 있습니다. 신저작권법에 의하여 한국 내에서 보호받는 저작물이므로 무단 전재와 복제를 금합니다.

하나님은 월요일에 무슨 일을 하실까?
당신이 하는 일과 신앙의 관계

이안 코피 지음 | 홍병룡 옮김

한결같은 믿음을 품고 일터로 가는
친구요 동료인 알란 존슨에게

차례

감사의 글 ● 9

시리즈 서문_용기가 필요한 시대 ● 13

서문_커다란 귀를 가진 사람 ● 17

머리말_내가 걸어온 여정 ● 21

1. 저주인가, 축복인가? ● 33
2. 하나님은 월요일에 무슨 일을 하실까? ● 57
3. 내 일이 너무 싫은 걸 어떡해! ● 83
4. 자전거에 올라타라 ● 113
5. 바람 속에서도 꿋꿋이 타오르는 촛불처럼 ● 133
6. 내 나이 예순넷이 되어도 ● 157
7. 친구의 도움을 받아 ● 177
8. 예수님을 위해 소젖을 짠다고? ● 199
9. 내게 맞는 직업은 그 어디에? ● 223

후기_어느 목사의 사례집에서 뽑은 이야기 ● 247

주 ● 269

감사의 글

감사의 표시는 그것을 받는 이들에게(누구나 고맙다는 말을 좋아하니까)만이 아니라 제공하는 이들에게도 정말 중요하다. 이를 통해 우리 중 누구도 독불장군은 없으며 모두가 팀으로 일한다는 점을 새삼 깨닫게 되기 때문이다.

책의 표지에는 내 이름만 실리지만 사실 이 책은 팀 작업의 소산이다. 나는 지금 팀원들이 준 영감과 격려, 아이디어, 인내, 선의에 감사드릴 기회를 얻게 되었다.

마크 그린은 내가 이 책에서 묘사한 여정을 시작할 수 있게 해준 은인이다. 나로 하여금 원하든 원치 않든 늘 생각하도록 만드는 친구인지라 감사할 따름이다. 참으로 마크는 하나님이 그리스도의 교회에 주신 선물이다.

케이트 바이롬을 비롯한 IVP 편집팀은 책 쓰는 일을 즐기게 만들어주는 훌륭한 인재들이다.

킹스턴 부부는 내게 고요한 피난처 같은 그들의 집을 개방하여 이 책을 쓰도록 도와주었다. 어느 저자든 그처럼 아름다운 환경에 놓이면 영감이 저절로 떠오르기 마련인데, 나도 그들의 관대한 가정 개방에 빚진 수혜자다.

이 책은 1990년 이래 스피링 하비스트의 CEO로 섬겨온 내 친구 알란 존슨에게 헌정하고 싶다. 일터에서 믿음대로 살고자 하는 그의 진실함과 열망은 훌륭한 귀감이다. 나도 수년 동안 알란 및 그 간사진과 더불어 일한 적이 있었다. 그런 기회는 내게 주어진 하나의 특권이었다고 말해도 지나치지 않을 것이다. 탁월성을 추구하며 따스한 팀 정신을 도모하는 그 간사진은 참으로 멋진 팀이었다. 그들과 동역한 경험이 이 글을 쓰는 데 일익을 담당한 만큼 그들은 자신도 모르는 사이에 이 책에 기여한 셈이다.

아내 루스는 내가 쓰는 글을 모두 읽어주는 나의 반려자이자 가장 절친한 친구다. 아내의 논평과 통찰력이 책을 쓰는 과정에 중요한 기여를 했으며, 일의 세계에서 쌓은 아내의 경력 덕분에 책의 내용이 더욱 현실적이 될 수 있었다.

니겔 마지카리는 내 기도 파트너다. 우연히도 우리 둘은 같은 시기에 각자의 직업 영역에서 격동기를 헤쳐나가게 되었다. 그와의 기도 동역은 내게 큰 힘이 되었다. 우리는 함께 고민하고 기도했는데 그 흔적이 이 책에 묻어 있다.

나는 같은 주제를 다룬 여러 저자에게 많은 빚을 졌으며, 가능한 한 그들의 책을 명시하려고 노력했다. 하지만 목사로 바쁘게 살다 보니 혹시라도 출처를 빠뜨린 경우가 있더라도 이 점을 양해해주길 바란다.

끝으로 영국의 플리머스와 프랑스의 페르니 볼테르에 있는 교회 각각의 교인들에게 감사를 드린다. 일터에서의 제자도에 관해 내가 더 잘 이해할 수 있도록 통찰력과 본보기를 제공해준 여러 사람에게 고마움을 전하고 싶다. 이 밖에도 하나님이 교회 바깥에서는 무슨 일을 하시는지를 내가 더 잘 이해하도록 자신의 이야기를 들려주고 도움을 제공한 수많은 이들에게도 감사를 표한다.

2008년 1월
제네바에서
이안 코피

시리즈 서문
용기가 필요한 시대

일은 굉장히 중요하다.

일이란 하나님이 우리를 창조할 때 부여하신 일차적인 활동이다. 그분과 교통하면서 또 남들과 더불어 수행하라고 주신 과업이다. 일의 주된 목표 중 하나는, 하나님의 모든 피조물이 번창하도록 그분의 세계를 더 나은 곳으로 만드는 것이다. 바로 하나님의 영광을 위하여.

그렇다, 일은 굉장히 중요하다.

그리고 일은 사람들에게 많은 것을 선사한다. 공동의 목적을 추구하는 기쁨, 더욱 깊어지는 상호관계, 재능의 연마, 성품 훈련, 걸림돌의 극복, 상품 생산, 사람을 섬기는 보람, 금전적 보상 등. 물론 최고의 조직에서 일하더라도 욕구 불만과 실패와 의견 불일치 등이 피할 수 없는 현실이긴 하지만 말이다.

그렇다, 일은 굉장히 중요하다. 어느 정도로 중요한가 하면, 대다수의 사람에게 일은 갈수록 더 힘들고 더 길어지고 덜 만족스럽고 더 진을 빼는 활동일 뿐 아니라, 그 탐욕스러운 촉수가 삶의 모든 영역에 뻗쳐 이제는 가족과 친구와 보내는 시간, 취미 생활과 지역 활동에서 오는 활기와 안식을 모조리 빼앗아가는 것이 되었다. 가령, 영국인만 해도 다른 EU 국가의 시민에 비해 매주 네 시간이나 더 일하고 있는 실정이다. 우리는 신세계에서 노예처럼 살고 있는 셈이다.

이런 조건 아래서 어떻게 하면 예수를 충실히 좇으며 열매 맺는 삶을 살 수 있을까?

매주 근근이 살아가는 것이 겨우 우리의 포부란 말인가? 결코 그렇지 않다. 그러면 일터를 위한 복음, 좋은 소식이라도 있는가? 그에 관해 선포할 진리만이 아니라 따를 만한 길이라도 있는가? 아니 따를 길뿐만 아니라, 일과 일터에서 맺는 인간관계의 질을 바꾸고 우리가 속한 조직 문화를 변화시킬 만한 어떤 신적인 생명력이 있단 말인가? 오늘날과 같은 상황에서는 우리가 성경적인 통찰력과 하나님의 능력을 힘입는 일이 필요하다. 또한 일과 삶의 관계에 대하여 일터에서 쉽지 않은 결정을 내릴 용기도 필요하다.

이 "신앙과 일 시리즈"는 이런 목적을 위해 고안된 프로젝트다. 즉 일을 하는 사람들이 직면하는 힘겨운 문제들을 다루고 참신한 자료를 제공하는 것이 시리즈의 목표다. 한편으로는 이런 자료들이 익숙한 주제에 대해 새로운 통찰을 제공하기 때문이고, 다른 한편으로는 저자의 특수한 배경과 경험이 교육적인 전망을 열어줄 수 있기 때문이다. 아울러 이 책들은 영양분이 풍부하고 맛이 좋기 때문에, 여유롭게 먹을 거리를 찾는 사람이나 기차에서나 쉬는 시간에 간식거리를 구하는 이들, 혹은 힘겨운 하루 일과를 끝내고 편히 먹을 만한 어떤 것을 찾는 자들에게 아주 적합하다고 할 수 있다.

당신이 이 글을 읽는 동안 주님이 함께하시길 빈다. 그리고 당신이 일터에서 주님을 충실히 그리고 용기 있게 따르고자 애쓸 때에도 그분이 함께하시길 바란다.

2008년
런던 현대기독교연구소에서
시리즈 담당 편집자
마크 그린

서문
커다란 귀를 가진 사람

이안 코피는 커다란 귀를 갖고 있다.

 신체적으로가 아니라 은유적으로 그렇다는 말이다. 우리는 목사에게 으레 넓은 마음을 기대하는데 그 역시 넓은 마음을 갖고 있다. 굉장한 점은 이안이 양자를 모두 갖추었다는 사실이다. 이안은 귀담아 듣는다. 그렇다, 이안은 아침마다 일찍 일어나 변호사 사무실로 한 시간 반씩이나 들여서 출근하는 생활이 어떤 것인지 알고 있다. 이보다 더 중요한 것은 그가 온갖 종류의 직업을 가진 사람들의 말을 귀담아 들었다는 사실이다. 그는 유급이든 무급이든 일이 사람들의 삶에서 얼마나 중요한지, 오늘날 일터에서 믿음대로 사는 일이 얼마나 큰 도전거리인지 등을 진정으로 파악한 목사다. 믿음대로 사는 일은 우리 자신의 유익을 위해 필요할 뿐만 아니라 남에게 귀감이 되는 일에도 필요하며, 또 일터의 현장에서 우리의 사역과 증언이 열매를 맺는 데도 꼭 필요하다.

 이안은 현재 시무하는 교회에서 수년 동안 이런 사항을 염두에 두고 사역해왔다. 유사 직종에 종사하는 이들의 모임, 자신의 설교와 가르침에 대한 교인의 평가를 묻는 차세

한 설문 조사, 목사가 다루어주길 희망하는 주제들에 대한 조사, 교인들의 직장 생활과 관련된 기도 부탁 등이 내가 알고 있는 몇 가지 사역 실례다.

    이안은 일하는 사람들의 편에 서 있다. 목사의 본분은 많은 프로그램을 돌리는 더 큰 교회를 만드는 것이 아니라, 교인들이 부름 받은 곳에서 타인을 사랑하고 섬기는 등 그리스도를 위해 더 많은 열매를 맺도록 돕는 것이라고 그는 믿는다. 이안은 일하는 사람들을 위하는 목사이고 모두가 바쁘고 스트레스가 많다는 것을 알고 있지만, 오히려 그렇기 때문에 더더욱 그리스도 안에서 성숙하는 데 투자할 시간이 없다는 우리의 변명을 수용하지 않는다. 물론 그는 우리가 어떤 위원회나 봉사 당번을 맡을 시간이 없을지 모른다는 것은 알고 있다. 하지만 동시에 우리가 말씀을 귀담아 듣고 남들과 함께 기도하며 누군가를 위해 책임을 지고 성도의 교제를 나누지 않으면, 신앙생활이 요나의 박 넝쿨보다 더 빨리 시들 수 있다는 것도 알고 있다. 이제까지 일에 관한 책들은 대부분 일반 직장에서 상당히 오랫동안 일한 사람들이 집필한 것들이었다. 나도 그들 중 한 사람이며 지금은 시중에 그러한 책이 아주 많이 나와 있다. 그런데 이안은 우리에게 다른 각도, 곧 목사의 안목을 제공하고 있다. 교인들의 소리에 큰 귀를 열어본 사람, 우리가 그리스도 안에서 잘 일하기를 바랄 뿐 아니라 우리의 삶 전체를 잘 영위하기를 열망하는 그런 사람의 안목 말이다.

또한 이 책은 이안의 여정을 반영하고 있다. 목사라고 모두 하나님이 일을 통해 역사하시는 모습을 볼 수 있는 눈을 가진 것은 아니다. 이안도 이 점에서 예외가 아니었다. 그는 열심히 노력해서 그런 눈을 얻은 사람이다. 이런 의미에서 이 책은 목사와 교인 모두에게 격려를 준다. 즉 교회 공동체가 변하여, 교인들이 하나님의 영광을 위해 일터에서 변화를 만들어내도록 비전을 고취하고 그들을 지지하는 역할을 할 수 있다고 격려하는 책이다.

과연 그렇게 되길 바란다.

2008년
런던 현대기독교연구소에서
시리즈 담당 편집장
마크 그린

머리말
내가 걸어온 여정

언젠가 비행기에서 만난 한 남자가 자기 아내는 그리스도인이고 자기도 거의 매주 교회에 가긴 하지만, 아내와 같은 신앙은 없다고 말했던 것이 기억난다.

주일에 교회에 가서 무슨 생각을 하느냐고 그에게 물어보았다. 그는 야릇한 표정으로 나를 쳐다보더니 "정말 알고 싶습니까?" 하고 물었다. 그렇다고 대답했을 때 그가 한 응답은 그 후로 내 뇌리에서 사라진 적이 없다. "나는 평일 내내 일터에서 온갖 압박으로 힘겨운 시간을 보낸 뒤 교회에 앉아서, '이건 내 생활과는 전혀 상관이 없어. 목사 당신은 한마디로 내가 몸담은 세계를 전혀 이해하지 못하고 있소' 하고 생각할 때가 많습니다."

아이고.

마크 그린은 "월요일 오전 11시" 테스트라는 것을 개발했다. 사람들이 주일 아침 11시에 교회에서 배우는 내용이 월요일 오전 11시에 하는 일과 거의 상관이 없다면 무언가 아주 잘못되어 있다는 요지의 테스트였다.

비행기에서 내 옆자리에 앉았던 그 남자는 분명 그런 경우였다.

마크 그린은 런던 현대기독교연구소의 소장이다(또 이 책이 속한 시리즈의 담당 편집자이기도 하다). 그가 한번은 내게 일의 신학에 관해 설교한 적이 있는지 물어보았다. 내가 슬쩍 넘어가려고 하자 그는 끈질기게 물고 늘어졌다. 자기가 그 주제에 대한 연구 프로젝트를 수행하는 중이라는 말과 함께 말이다. 나는 마침내 그에게 설득당해 문제를 생각하기 시작했다.

어느 날 내 서재에 앉아서 다음 학기의 교회 강의 프로그램을 짜면서 이런저런 생각을 하고 있었다. 도대체 "일터 신학"은 어떤 것일까? 맞아, 그리스도인과 일터, 기업 윤리, 24시간/7일 제자도 등에 관한 책들이 있지. 그 책들이 어떤 실마리를 줄지도 몰라. 그런데 그냥 책을 몇 권 읽고 저자의 아이디어를 설교에 옮기는 것은 부정행위일 거야. 그래서 설교를 준비할 때 최선의 방법으로 여겼던 것을 하기로 결심했다. 바로 성경과 함께 연구를 시작해서 바깥 방향, 즉 다른 책들로 진도를 나가는 방법이었다.

그러자 나는 성경이 일이란 주제에 대해 얼마나 많이 말하고 있는지를 발견하게 되었다. 그것을 계시라고 말하기는 좀 그렇다. 그러니 하나의 발견이라고 해두자. 혹은 당신이 정말 영적인 사람이라면 일종의 경건한 통찰력이라고 불러도 좋다.

나는 세상에서 최고로 훌륭한 책, 성경이 유급 무급을 막론하고 일에 관해 그만큼 많이 말하

> 나는 세상에서 최고로 훌륭한 책, 성경이 유급 무급을 막론하고 일에 관해 그만큼 많이 말하고 있는지는 꿈에도 몰랐다.

고 있는지는 꿈에도 몰랐다. 정말 흥분에 휩싸였다. 성경이 삶의 이 영역에 대해 그토록 시의적절하게 안내함을 보고 놀랐을 뿐 아니라, 나 자신이 일의 문제에 대해 그토록 구체적으로 다룬 적이 한 번도 없었기 때문이었다. 일찍이 그걸 발견했더라면 비행기에서 만난 그 남자에게 무언가를 얘기해줄 수 있었으련만.

성경을 어느 정도 읽고 노트에 적은 뒤에 보니 분량이 너무 많아서 일부를 줄여야 할 판이었다. 성경은 이 주제에 관한 지혜로 가득 차 있었다.

나의 연구조사는 세 달 남짓 계속된 'God@work.com'이란 제목의 시리즈 설교를 탄생시켰다. 당시 나는 플리머스의 도심지에 있는, 다양한 구성원을 가진 큰 교회에서 목회를 하고 있었다. 그 설교 시리즈와 병행하여 특별 기도회를 만들었는데, 그것은 이 책 뒷부분에 제시되어 있다. 강의 프로그램에 이어 직종이 비슷한 교인들을 모아 여러 번의 조찬 모임을 갖고 포럼을 개최할 계획도 수립했다.

목회자이자 설교자로서 나는, 교인들이 신앙과 일의 관계를 새롭게 배우게 된 소감을 공공연하게 얘기하는 것을 듣고 무척 격려를 받았다. 특히 그들 가운데 월급이나 연봉

으로 노동의 대가를 받지 않는 사람들, 이를테면 어린아이나 아픈 가족 혹은 친척을 돌보느라 바쁜 이들의 피드백이 아주 고무적이었다. 어떤 이들은 자칫 무의미하게 느껴지기 쉬운 자신의 일에서 어떤 의미를 찾을 수 있었다고 했다.

그 후 나는 제네바에서 아주 가까운 프랑스의 한 국제 교회에서 목사로 일해달라는 초빙을 받았다. 교인은 약 50개 나라 출신의 사람들이었으며, 많은 교인이 단기 계약직 근무자로 거기에 잠시 머물다가 또 다른 임지로 떠나곤 했다. 교인의 이동률이 매우 높았는데, 이것은 독특한 기회를 주는 동시에 특이한 압박 요소로 작용하기도 했다. 나는 새로운 교회의 교인들이 접하는 특별한 이슈들에 맞추어 내가 가르치는 일터 신학의 내용을 수정해야 했다. 그 이슈들을 열거하면 다음과 같다.

- 다른 나라 출신 동료들이 각기 다른 가치관을 갖고 있는 상황에서 일에 대한 다문화적 접근에 적응하는 것
- 단기 계약직이 야기하는 직업상의 불안정성
- 2-3년마다 새로운 나라로 옮겨야 하는 문제
- "내가 정말 어디에 소속되어 있는지" 모르는 소속감의 문제
- 자녀들이 태어난 문화와 성장한 문화가 다른데다가, 그 후에 이른바 "제3의 문화"에 다시 적응해야 하는 등 다문

화 가족 특유의 이슈들
- 계속 옮겨다니는 사람들과 관계를 맺을 때 따르는 어려움
- 특히 인생의 큰 문제에 봉착했을 때 느끼는, 가족들에게서 떨어져 있기에 오는 스트레스

나는 그들이 몸담은 직업 세계가 영국의 경우와 아주 다르다는 것을 알게 되었고, 따라서 나의 가르침과 목회 방식도 달라질 필요가 있었다.

제네바에 있는 동안 함께 일했던 전도사 중에는 에스더라는 이탈리아인 학생이 있었다. 그녀는 청소년 사역을 훌륭하게 해냈는데, 특히 뛰어난 언어 구사력 덕분에 다중 언어를 쓰는 그 교회에서 큰 호응을 일으켰다.

한번은 에스더가 스위스의 일류 사립 고등학교의 졸업식에 뜻밖의 초대를 받았다. 그 자리에서 놀랍게도 교장이 영화배우인 마이클 더글라스의 깜짝 방문을 발표하는 것이었다. 이 유명 인사는 열광적인 박수를 받으며 강단에 올라갔다. 졸업식 날이 지겨운 날이 아니라 재미있는 추억거리가 될 것만 같았다.

흠잡을 데 없이 말끔히 차려입은 마이클 더글라스는 먼저 학교 측에 감사하고 졸업을 축하하는 말을 했다. 이어서 자기의 설교 주제, 아니 강연 주제를 발표했다. 그는 "나는 오늘 성공한 삶(success)과 의미 있는 삶(significance)의 차이에 관

해 말하고자 합니다" 하고 말문을 열었다.

그는 학생들에게 그들의 특권으로 말미암아 편안한 환경에서 훌륭한 교육을 받을 수 있었음을 상기시켰다. 그런 특별한 배경과 열심히 일하려는 의지만 있으면, 어느 길을 택하든지 성공하기는 어렵지 않을 것이라고 했다. 그러나 성공과 의미 있는 삶 사이에는 천양지차가 있다. 그는 잠깐 동안 이 두 가지 길에 대해 각각 설명하고 나서 강연을 마치기 직전에 의미심장한 질문을 하나 던졌다. "여러분은 성공적인 삶을 살고 싶습니까, 아니면 의미 있는 인생을 살고 싶습니까?"

에스더 전도사는 마이클 더글라스의 강연에 큰 감동을 받고 돌아왔다. 그녀는 예수님의 부드러운 목소리를 듣고 있는 것처럼 느꼈다고 했다. 본인의 진로 문제를 놓고 중요한 결정을 내려야 할 상황이었는데, 전혀 뜻밖의 방법으로 하나님의 음성을 들었던 것이다.

이 책은 일의 세계에서 의미를 발견하는 문제를 다루고 있다. 이는 예수를 따르면서 신앙과 일을 통합하고 싶어하는 이들을 위한 책이다. 당신이 잘나가는 기업가든지 세 명의 어린 자녀에게 꼼짝달싹 못하게 묶여 있는 엄마든지 이 책에서 무언가 유익한 내용을 찾을 수 있을 것이다.

또한 이 책은 나와 같은 사람들, 곧 성경을 가르치고 교회를 이끌고 인생의 문제들로 고민하는 이들을 도우려고 최선을 다하는 목회자들을 위한 책이기도 하다. 나는 이 책이 당신의 상상력에 불을 붙여주는 동시에 일과 관련된 성경 단락들을 새롭게 발견하게 하는 계기가 되길 바란다.

한동안 이런 농담이 유행한 적이 있다. "왜 침례교 목사들은 오전에 집무실 창문 밖을 내다보지 않는가?" 정답: "오후 내내 할 일이 없을 것이기 때문에."

물론 불공평한 농담이다. 그래도 재미는 있지 않은가.

그리스도의 교회에서 섬기는 리더십을 발휘하도록 부름 받은 사람은 현실 세계와 사람들의 바람과 고민에 관해 상당히 많이 알고 있다. 우리 가운데 일부는 목사직의 소명을 받기 전에 일반 직장에서 일한 경험이 있다(나는 바쁜 변호사 사무실에서 여러 해 동안 일한 적이 있고 하루 세 시간을 출퇴근에 소비했다). 이처럼 우리에게 경험은 있다. 그런데 때때로 우리에게 없는 것은 성경의 세계와 사람들이 몸담은 현실 세계를 이어주는 능력이다. 이는 우리 모두가 개발하고 연마해야 할 기술이다.

이 책은 일에 관한 성경의 가르침과 다른 사람이 쓴 글로부터 얻은 통찰을 제공하고 있다. 아울러 흔히 목사가 교인과 실생활에 관해 대화할 때 나오는 많은 이야기가 포함되어 있다. 영화 끝부분에 흔히 나오듯 여기서도 "그들의 이름은 프라이버시를 존중하여 바꾸었다." 하지만 모든 이름을 바꾼 것은 아니다. 그 이유는 곧 알게 될 것이다.

비행기에서 만난 남자를 통해 나는, 교인들이 몸은 교회에 앉아 있어도 마음으로는 거기서 벌어지는 일들이 실생활과는 아무 상관이 없다고 느낄 수 있음을 알게 되었다. 어쩌면 그런 사람들도 하나님의 은혜로, 신앙과 일의 관계에 관한 실질적인 가르침을 통해 새로운 신앙생활에 진입할 수 있을 것이다.

나의 바람은 당신이 이 책을 통해 예수를 좇는 일이 삶의 모든 부문, 특히 일의 영역까지 포함한다는 사실을 깨닫는 것이다.

최근에 큰 수술을 받은 교인을 방문한 적이 있다. 그는 수년 전 근무지를 영국에서 제네바로 옮겼는데, 회사로부터 몇 주 전에 해직 통보를 받은 상태였다. 우리는 그런 사태를 어떻게 이해해야 할지를 놓고 서로 얘기한 뒤에 하나님께서 합력하여 선을 이루어주실 것으로 믿었다. 그리고 면회 시간이 끝날 즈음이 되어 함께 기도하기로 했다. 나는 『메시지』(The Message)의 신약판을 꺼내어 로마서에 나오는 다음 구절을 읽었다.

> 그러므로 나는, 이제 여러분이 이렇게 살기를 바랍니다. 하나님께서 여러분을 도우실 것입니다. 여러분의 매일의 삶, 일상의 삶—자고 먹고 일하고 노는 모든 삶—을 하나님께 헌물로 드리십시오.[1]

우리는 뜻밖에 찾아온 해고 사태도 거기에 포함된다고 결론지었다. 삶의 모든 부분, 심지어 슬픈 조각까지도 하나님의 영광을 위해 사용될 수 있다.

> 삶의 모든 부분, 심지어 슬픈 조각까지도 하나님의 영광을 위해 사용될 수 있다.

침례교 목사요 민권 운동가였던 마틴 루터 킹은 언젠가 중학생 모임에 강사로 초청되어 간 적이 있었다. 거기서 어린 학생들에게 평생 뇌리에 남을 고귀한 충고를 해주었다. "만일 여러분이 길거리를 치우는 청소부가 될 운명에 처한다면, 미켈란젤로가 그림을 그리듯 길거리를 청소하고, 베토벤이 음악을 작곡하듯 길거리를 청소하고, 셰익스피어가 시를 짓듯 길거리를 청소하기 바랍니다. 길거리를 너무도 잘 치우면 하늘과 땅의 만군의 천사들이 잠시 멈춰 서서 '여기에 자기 일을 훌륭하게 해낸 위대한 거리의 청소부가 살

았었지' 하고 말하게 될 것입니다." 육 개월 뒤에 킹은 멤피스 모텔 바깥에서 암살자의 총탄에 쓰러졌지만, 어린 학생들에게 남긴 그의 유산은 일의 세계에서 영원히 밝게 빛날 것이다.

나로서는 마이클 더글라스가 앞의 강연을 하기 전에 킹의 이 연설에 대해 알고 있었는지는 모르겠다. 그러나 마틴 루터 킹의 연설 배후에 있는 지혜는 깨닫고 있었다고 믿는다.

당신은 바쁜 엄마이거나 영향력 있는 사업가이거나 벽돌공이거나 핵 물리학자거나 엔지니어, 우체부 혹은 길거리 청소부일 수 있다. 당신이 누구든지 또 무슨 일을 하든지 간에 당신의 일은 의미 있는 삶을 살 수 있는 커다란 기회를 제공한다.

더 생각할 문제

[1]　비행기에 탄 남자의 호된 비평을 곰곰이 생각해보라. "나는 평일 내내 일터에서 온갖 압력으로 힘겨운 시간을 보낸 뒤 교회에 앉아서, '이건 내 생활과는 전혀 상관이 없어. 목사 당신은 한마디로 내가 몸담은 세계를 전혀 이해하지 못하고 있소' 하고 생각할 때가 많습니다." 이와 비교할 때 당신의 교회 경험은 어떠한가? 어떻게 하면 교회가 주중에 하나님을 위해 살도록 당신을 더 잘 훈련시킬 수 있을까? 당신이 속한 교회의 목회자나 소그룹 리더나 가까운 교인들에게 이 문제를 한번 제기해보라.

[2]　성공인가, 의미 있는 삶인가. 당신이 아는 사람 가운데 성공한 것 같지는 않지만 의미 있는 삶을 산 인물이 있는가? 혹은 그런 삶을 살지는 못했지만 성공한 사람은 누구인가? 그들의 예로부터 배운 우리가 피해야 할 것은 무엇인가? 또 따를 것은 무엇인가?

[3]　현재 당신은 일터에서 믿음대로 사는 일이 쉬운 편인가, 어려운 편인가? 어떤 점에서 그러한가?

1. 저주인가, 축복인가?

월트 디즈니의 고전 영화 「백설공주와 일곱 난쟁이」에는 금방 외우기 쉬운 곡조로 만든 노래 "하이 호, 하이 호, 우린 일하러 간다네"가 나온다. 이 영화는 1930년대 대공황이 끝날 무렵에 만들어진 만큼 그 시대를 반영하고 있다. 당시는 수백만 명이 일자리가 없어서 개인적인 자존감마저 잃어버렸던 때다. 아무리 별 볼 일 없는 일이라도, 일거리가 있고 먹을 양식을 구할 수 있다면 휘파람을 불면서 일할 수 있었던 시기였다!

그러나 지금은 다르다. 일곱 난쟁이의 노래를 풍자해서 만든 범퍼 스티커를 본 적이 있을 것이다. "아이 오(나는 빚쟁이), 아이 오(나는 빚쟁이), 우린 일하러 간다네." 많은 사람에게 일이란 주택 할부금과 청구서를 지급하기 위한 수단일 뿐이다. 매일 반복되는 고역 너머 어떤 성취감이나 목적의식도 없다. 어떤 이들은 지금 하는 일이 지겨워서 선택의 여지만 있다면 더 보람 있는 일을 하고 싶어한다.

1. 저주인가, 축복인가?

당신의 일은 어떤가? 일곱 난쟁이의 노래에 가까운가, 아니면 범퍼 스티커의 가사에 가까운가? 일은 특권인가 지겨운 활동인가, 저주인가 축복인가?

토니는 자동차 정비사이고 그의 아내는 일반 개업의 수술실에서 일하는 간호사다. | 많은 사람에게 일이란 주택 할부금과 청구서를 지급하기 위한 수단일 뿐이다.

그들은 십대 시절에 교회의 청소년부에서 만났는데, 지금은 토니가 그 부서를 돕고 있다. 몇 달 전 집에서 모이는 소그룹 모임에서 일이 토론 주제로 떠올랐다. 그 모임을 인도하는 랍이 우리가 일을 통하여 하나님을 예배할 수 있는 몇 가지 방법을 제안했을 때, 토니의 마음속에서 놀라움과 우스움이 교차했다. 하나님을 예배하기가 가장 어려운 곳이 자동차 정비소라고 생각했기 때문이었다!

일상생활을 영위하면서 사람들을 돕는 것이 하나님의 바람이라는 것은 토니도 확실히 인정한다. 그것이 우리 이웃을 사랑하는 방법이니까. 하지만 일이란 것은 생존하고 가족을 먹여 살리는 수단에 불과하다고 생각했다. 토니의 생각에 하나님은 우리를 일하는 존재로 창조하신 게 아니었다. 일은 인간의 반역이 낳은 직접적인 결과였다.

과연 일은 소위 말하는 "타락"의 결과인가? 성경을 잘 아는 이들에게 "하나님은 일을 어떻게 생각하시는가?" 하고 물어보면, 아마 창세기의 첫 부분을 열어 하나님이 아담에게 내린 심판의 말씀을 가리킬 것이다.

> 땅은 너로 말미암아 저주를 받고
> 너는 네 평생에 수고하여야 그 소산을 먹으리라.
> 땅이 네게 가시덤불과 엉겅퀴를 낼 것이라.
> 네가 먹을 것은 밭의 채소인즉
> 네가 흙으로 돌아갈 때까지
> 얼굴에 땀을 흘려야 먹을 것을 먹으리니
> 네가 그것에서 취함을 입었음이라,
> 너는 흙이니 흙으로 돌아갈 것이니라.[1]

죄는 불행한 결과를 낳았고 그로 말미암아 아담과 하와가 망하게 되었다. 불멸성의 상실을 상징하는 에덴동산으로부터의 추방 사건은 이렇게 묘사되어 있다.

> 여호와 하나님이 에덴동산에서 그를 내보내어 그의 근원이 된 땅을 갈게 하시니라.[2]

인류는 죄에 빠져서 최고의 삶을 놓쳐버렸다. 하나님과의 교제가 깨어졌고 양자의 관계는 손상을 입었다. 낙원도 잃고 말았다. 뿐만 아니라 인간의 반역은 출산의 고통과 고된 육체 노동도 몰고 왔다.

이렇게 성경을 읽으면 일은 정말로 하나의 저주요 타락한 세상살이의 직접적인 결과인 것처럼 보인다. 그러나 이는 창세기 1-3장을 전체적으로 고려하지 않고 성경의 나머지 부분도 도외시한 잘못된 해석이다. 이는 올바른 인생관을 세우기에는 부적합한, 그릇된 토대를 제공한다.

창세기 이야기를 모두 읽어보면 일은 하나님의 손에서 오는 축복임을 알게 된다. | 일은 하나님의 손에서 오는 축복이다.

타락한 세상에서도 일은 은혜의 창이 될 수 있다.

이를 잘 이해하려면 하나님의 성품과 그분의 명령, 그리고 그분의 소명을 간략하게 살펴볼 필요가 있다.

하나님의 성품

친구들이 모인 자리에서 "너는 무엇을 할 때 가장 성취감을 느끼니?"라고 물어보라. 그러면 가지각색의 대답을 듣게 될 것이다. 내 친구 하나는 온종일 정원을 가꾸고 나면 기분이 최고라고 한다. 다른 친구는 집 안에 가득한 사람들을 위해 맛있는 음식을 만들 때가 그렇다고 한다. 잠재력이 무궁무진한 또 한 명의 친구는 가로세로가 숫자로 가득 찬 정산표에 둘러싸여 있을 때보다 더 행복한 때가 없단다. 내 아들 하나는 축축한 겨울날에 진흙에서 구르고 상처투성이가 된 채 격렬한 럭비 게임을 끝냈을 때가 최고로 행복한 순간이란다. 또 한 친구는 아이들에게 글을 읽고 셈하는 법을 가르치는 것이 그 무엇보다 재미있다고 한다. 각각 차이는 있지만 우리 대다수는 "난 그걸 정말 좋아해!"라고 소리칠 만한 일을 통해 성취감을 느끼는 존재임을 알고 있다.

이런 느낌은 바로 인간이 하나님의 형상으로 만들어졌다는 진리를 반향한다. 하나님은 우주를 만드셨을 때 자신의 작품을 보고 기뻐하셨다. 빅뱅을 만든 것은 창조주였으며, 그 손가락으로 한없이 경이로운 우주를 빚어낸 것은 다름 아닌 그 조각가였다. 창세기에는 이렇게 기록되어 있다.

> 하나님은 본성상 창조적인 분이다. 그분은 일꾼인 셈이다.

> 하나님이 지으신 그 모든 것을 보시니, 보시기에 심히 좋았더라.[3]

여기서 우리는 한 미술가가 캔버스에 열심히 작업한 뒤에 한 발자국 물러나서 그 걸작을 굉장한 만족감과 성취감을 느끼며 눈여겨보는 장면을 떠올릴 수 있다. 하나님은 본성상 창조적인 분이다. 하나님은 일꾼인 셈이다.

하나님의 형상

때로 어떤 두 사람이 한 가족이라는 것이 쉽게 드러날 때가 있다. 생김새가 비슷하기 때문만이 아니라, 그들을 묶어주는 다른 요소들, 습관적인 얼굴 표정이나 몸짓도 닮고 다니기 때문이다. 창세기는 우리가 하나님을 닮은 존재이며 그분의 형상을 따라 만들어졌다고 가르친다.

> 하나님이 이르시되, "우리의 형상을 따라 우리의 모양대로 우리가 사람을 만들고, 그들로 바다의 물고기와 하늘의 새와 가축과 온 땅과 땅에 기는 모든 것을 다스리게 하자" 하시고
>
> 하나님이 자기 형상
> 곧 하나님의 형상대로
> 사람을 창조하시되
> 남자와 여자를 창조하시고.[4]

우리는 하나님을 닮았을 뿐 아니라 그분이 만드신 창조세계 내에서 다스리고 지배하도록, 그리고 일하도록 부름 받았다.

이는 참으로 우리에게 과분하고 고귀하며 거룩한 소명이다. 이런 심정을 다윗 왕은 다음과 같이 기도하며 노래했다.

> 사람이 무엇이기에 주께서 그를 생각하시며,
> 인자가 무엇이기에 주께서 그를 돌보시나이까?
> 그를 하나님보다 조금 못하게 하시고
> 영화와 존귀의 관을 씌우셨나이다.
> 주의 손으로 만드신 것을 다스리게 하시니

만물을 그의 발아래 두셨으니.⁵

오늘날 세계와 그 자원을 두고 진행되는 모든 토론, 즉 환경을 위협하는 요인들, 오존층의 감소, 동물과 새와 물고기 종(種)의 보호, 우주와 대양의 탐구, 유전자 연구 등과 관련하여 성경은 중요한 신호를 보내고 있다.

이 세계는 우리의 것이기에 앞서 하나님의 소유다. 우리는 그분이 돌보라고 맡기신 피조물을 책임지는 청지기 직분을 갖고 있다. 청지기는 남에게 속한 것을 보살피는 일종의 관리인이다. 우리가 이러한 시각으로 우주를 보면 모든 것이 다른 색채를 띠게 된다.

우리는 인권에 관한 이야기를 많이 듣는다. 인권 문제는 특히 지구상에서 폭군의 지배 아래 두려움 가운데 사는 나라들에게 중요한 사안이다. 그러나 동일한 동전의 뒷면에는 우리가 인간의 책임이라 부를 수 있는 것이 놓여 있다. 이는 무엇보다 먼저 하나님께 대한 책임이고 두 번째로 우리 이웃에 대한 책임이다. 이 두 조항이야말로 예수님이 말씀하신 가장 큰 두 계명이기 때문이다.⁶

우리는 하나님의 창조세계의 정점에 있는, 특권적인 지위를 가진 존재다. 아울러 그에 따른 책임도 짊어지고 있다. 책임을 저버린 채 특권만 강조하면 한쪽으로 치우친 인생관을 낳는 법이다.

우리는 하나님의 형상을 여러 갈래로 추적할 수 있는데, 그중 하나는 창조하고 일하며 그 가운데서 성취감을 맛보는 역량이다. 울리히 츠빙글리(1484-1531)는 16세기 유럽을 휩쓴 위대한 종교개혁의 지도자로서 마르틴 루터와 존 칼빈 같은 인물들과 나란히 활약했던 사람인데, 이런 글을 남겼다.

이 우주에 일꾼만큼 하나님을 닮은 존재는 없다.

한 사람이 일하는 모습을 볼 때, 그를 만든 하나님의 성품과 본성을 얼핏 포착할 수 있음을 인정하는 말이다.

다른 예로 오스카상을 받은 영화 「불의 전차」(Chariots of Fire)를 들 수 있다. 이 영화는 하나님으로부터 선교사의 소명을 받았으며 육상에 특출한 재능을 가졌던 에릭 리델의 이야기를 다루고 있다. 그의 누이는 에릭이 최상의 길을 놓칠까봐 우려한 나머지, 육상에 대한 그의 사랑이 그리스도에 대한 헌신을 가리고 있다고 충고했다. 에릭은 뜨거운 목소리로 이렇게 답했다. "나는 하나님께서 어떤 목적을 위해 나를 만드셨다고 믿어. 바로 중국을 위해서. 그러나 동시에 나를 빠르게 만드셨고, 나는 달릴 때 그분의 즐거움을 느낄 수 있어."

당신의 경우는 어떤가? 어떤 일이나 활동을 할 때 기분이 좋은가? 수입과 지출을 계산해서 결과가 정확하게 맞을 때가 그런가? 케이크를 만들 때가 그런가? 연로한 부모를 돌볼 때 혹은 아이에게 신발 끈 매는 방법을 가르칠 때가 그런가? 계약을 따낼 때? 두 학기에 걸쳐 열심히 가르친 덕분에 학급의 성적이 오를 때? 잔디를 깎거나, 의자를 만들거나, 자동차를 수리하거나, 아니면 임종을 앞둔 환자가 존엄하게 죽도록 도와줄 때? 나는 당신이 하나님의 도움을 받아 그분의 형상을 닮은 당신의 모습을 발견할 수 있기를 바란다.

언젠가 레오나르도 다빈치는 몇 달 동안 작업해온 그림을 거의 완성할 시점에 이르렀다. 당시에 그는 자신이 작업하는 모습을 지켜보려는 학생들에게 둘러싸여 있었다. 마무리 작업을 하던 중 갑자기 이 대가는 붓 하나를 한 학생에게 건네주며 "끝내라"고 말했다.

깜짝 놀란 학생은 "저에게는 그만한 재능이 없습니다. 그럴 만한 자격이 없어요" 하고 손사래를 쳤다.

다빈치는 "이제까지 내가 작업하는 것을 보고도 너는 최선을 다할 만큼 고무되지 못했단 말이니?" 하고 물었다.

우리가 이 우주를 바라보며 창조주 하나님의 솜씨에 놀라 그분을 예배할 때, 우리도 우리의 일을 통해 그분의 형상을 나타내야겠다는 영감을 받게 된다.

> **Key Point**
>
> 하나님은 본성상 일꾼이시다. 우리는 하나님의 형상으로 만들어졌다. 따라서 일할 수 있는 역량과 성취감을 맛보는 능력은 그분을 닮은 모습이다.

하나님의 명령

창세기 이야기는 하나님이 남자와 여자에게 두 가지를 지시했다고 밝히는데, 요약하면 다음과 같다.

- 번성하라.[7]

■ 쓸모 있는 존재가 되라.[8]

첫째는 땅을 가득 채우고 자녀를 낳고 모든 피조물에게 권위를 행사하라는 명령이다. 둘째는 땅을 경작하고 그것을 돌보라는 명령이다. 아담에게는 휴식용 의자와 파라솔이 아니라 삽과

| 아담에게는 휴식용 의자와 파라솔이 아니라 삽과 갈퀴가 주어졌다. |

갈퀴가 주어졌다. 하나님의 통치에 반역해 끔찍한 결과를 초래한 사건이 일어나기 전의 일이었다. 그러니까 일하라는 명령은 인간이 타락하기 전에 주어진 것이다. 이는 하나님이 주신 명령이었던 만큼, 아담이 떠맡은 청지기 직분에 따른 것이라고 보아야 할 것이다.

아담에게 새로운 책임을 주는 순간 하나님은 그에게 동반자가 없다는 사실을 알아차린다. 그래서 창세기는 하와가 "돕는 배필"로 창조되었다고 밝힌다.[9] 이 말을 풀어서 번역하면 "그에게 잘 어울리고 그의 부족한 면을 보완하는 배필"이라고 할 수 있다. 남성과 여성은 서로 동반자요 청지기로서 하나님의 선물과 책임을 공유하는 관계다.

그런데 하나님께 등을 돌리기로—먼저 하와가, 그 후에 아담이—결정한 결과, 그들이 일하고 즐기도록 만들어진 그 아름다운 동산에서 쫓겨나고 말았다. 모든 죄의 뿌리에 있는 교만이 하나님과의 분리, 특권과 무죄함과 불멸성의 상실을 초래했고 병과 아픔을 가져왔다. 하와는 출산의 고통

이 더 심해질 터이고 아담은 일하는 것이 더 힘겨워질 것이라는 통보를 받았다. 반역을 선택한 대가로 모든 것이 영향을 받았고 일의 세계도 예외가 아니었다.

여기서 우리는 그 거대한 분리가 있기 전에는 일이 없었다는 식으로 잘못 생각하면 안 된다. 타락이 있기 전에 이미 하나님은 일을 창조의 선물로 주셨다. 일은 곧 인간이 어떤 존재인지를 규정한다.

> **Key Point**
>
> 일은 하나님이 주신 창조의 선물이다. 우리는 일을 할 때 하나님의 창조세계의 청지기라는 특권적인 역할을 표출하게 된다.

하나님의 소명

성경이 창세기로 끝나지 않고 이어서 65권이 뒤따라 나오니 천만다행이다. 하나님이 타락하고 흠이 많은 피조물을 버리지 않고 그들을 용서하셨다는 은혜의 이야기가 기록되어 있으니 말이다.

성경의 주제는 한마디로 잃어버린 사람을 어떻게 찾을

수 있는가이며, 이야기의 주인공은 주 예수 그리스도, 곧 하나님의 아들이다.

예수님은 둘째 아담으로서 첫째 아담이 엉망진창으로 만든 것을 바로잡으러 온 분이다.[10] 구약성경은 그분의 오심을 가리키고 있고, 신약성경은 그 일이 어떻게 일어났고 그 결과 무엇이 가능하게 되었는지를 설명하고 있다.

구원(온전케 됨), 구속(값이 지불되어 노예의 신분에서 벗어남), 칭의(죄가 없는 것으로 선고됨), 성화(하나님의 능력으로 거룩한 삶을 사는 것), 영화(우리가 그리스도 안에서 완전케 되어 그분과 함께 영원히 살리라는 놀라운 희망)와 같은 놀라운 주제들은 모두 예수님이 십자가 죽음과 부활로 이룩한 업적으로 거슬러 올라간다. 이런 주제들은 오랜 세월에 걸쳐 그림과 음악, 건축과 문학에 영감을 주었다. 우리는 오직 그리스도 안에서만 하나님의 용서와 그분과의 평화로운 관계를 찾을 수 있다. 복음 혹은 좋은 소식은 길을 잃은 이들에게 희망을 준다.

그렇다면 그리스도의 복음은 일의 세계에 어떤 영향을 주는가? 이 문제는 그리스도를 좇으라는 부르심과 많은 관련이 있다.

첫째, 우리는 잃어버린 세월을 되찾을 필요가 있다. 예수님은 3년에 걸쳐 공적인 사역을 수행한 뒤 서른셋의 나이에 십자가에서 죽었다. 그러니까 30년 동안이나 갈릴리 지방의 자그마한 동네에서 무명인으로 살았던 것이다. 그는 가업을 좇아 목공소에서 목수로 일했다. 추측건대 마리아의 남편 요셉은 예수님이 어릴 때 죽었고, 예수님이 장남으로서 나머지 가족을 위해 가장의 책임을 떠맡은 것으로 보인다.

예수님은 나무로 문틀을 만드는 법을 알았다. 그의 고객은 농부와 기술자들이었으며, 그 가운데 일부는 아마 대금을 지불하지 않았을 것이다. 그는 땀이 비 오듯 쏟아질 때까지 일했고 망치로 엄지손가락을 친 적이 있었고 몸살이 날 정도로 피곤한 상태가 어떤 것인지도 알았으며 작업을 훌륭하게 완수했을 때 오는 만족감도 경험했다.

> 예수는 작업을 훌륭하게 완수했을 때 오는 만족감을 경험했다.

예수님은 평범한 삶을 살았다.

조이는 지난 27년 동안 아들 데이비드를 보살펴왔다. 데이비드는 뇌성마비를 앓아왔으며 최근에는 다른 건강 문제로도 시달리고 있다. 조이의 남편은 오래전에 그들 곁을 떠났고 그 이후 그녀가 홀몸으로 데이비드를 간호해왔다. 조이의 삶은 밤낮 아들의 필요를 채우는 일을 중심으로 돌아간다. 여러 가지 도움을 받고 있지만 데이비드를 책임지는 장본인은 조이뿐이다. 조이는 예수님의 본보기와 나사렛에서의 잊히고 가려진 세월로부터 깊은 영감을 받는다. 누가 자신의 헌신적인 보살핌을 칭송하면 그녀는 그냥 받아넘기는데, 그런 칭찬을 고마워하지 않아서가 아니라 아들 돌보는 일을 부담거리가 아닌 소명으로 여기기 때문이다. 물론 피곤할 때도 있고 갈수록 많아지는 일을 어떻게 감당할 수 있을지 막막할 때도 있다고 한다. 그러나 어디서 영감을 얻는지 물어보면 예수님을 가리킨다. 이는 철없거나 감상적인 대답이 아니다. 그녀의 신앙이야말로 산전수전을 다 겪은 연단된 믿음이기 때문이다.

윌리엄 바클레이의 다음 기도는 예수가 어떻게 평범한 것을 특별한 것으로 만드는지를 잘 표현하고 있다.

> 오! 하나님 우리 아버지시여
> 우리는 당신의 영원한 말씀이 어떻게 육신이 되어 우리 가운데 사셨는지 기억합니다.
> 우리가 당신께 감사드리는 것은
> 예수님이 여느 일꾼과 같이 하루 일과를 마치셨다는 것,
> 그분이 한 가정에서 다 함께 살 때 겪는 문제를 아셨다는 것,
> 그분이 무리를 섬길 때 따르는 욕구 불만과 짜증을 아셨다는 것,
> 그분이 손수 생계비를 벌고 일상적인 일과 삶에 따르는 피곤함을 모두 겪어야 했다는 것과
> 그래서 모든 평범한 일을 영광으로 옷 입혀주시는 것 때문입니다.[11]

빌리 그레이엄과 지금은 고인이 된 아내 루스가 살던 노스

1. 저주인가, 축복인가?

캐롤라이나의 몬트리트에 있는 집에 가면 부엌 위편에 이런 글귀가 적힌 장식 판이 있다고 한다. "여기서 하루 세 번씩 하나님에 대한 봉사가 수행된다." 예수님이 하시는 일을 훌륭하게 표현한 말이다. 그분은 평범한 것을 만져 특별한 것으로 만든다. 당신은 설거지를 하거나 문기둥을 용접하고 가게 유리창을 장식하는 일을 통해 하나님께 영광을 돌릴 수 있다.

> 당신은 문기둥을 용접함으로써 하나님께 영광을 돌릴 수 있다.

자칫 주의하지 않으면 우리는 이런 생각에 빠지기 쉽다. 즉 당신이 선교사나 목사라면 하나님의 나라 안에서 매우 중요한 인물이라는 생각이 바로 그것이다. 당신이 정치인이거나 고위직을 갖고 있다면 당신의 기도가 하늘에 상달될 때 천사들이 숨을 죽이고 있어야 하지만, 반면에 당신의 일상적인 일이 뉴스의 헤드라인을 장식하거나 예배 시간에 기도 제목으로 떠오르지 않으면, 영적인 가치가 별로 없다는 식이다. 사실 이런 생각이 우리 사고방식에 깊이 배어 있다. 누군가를 만날 때 상대방이 우리에게 무슨 일을 하는지를 물으면, 우리는 으레 "저는 그저 가정주부에다 엄마 노릇을 할 뿐입니다"라고 하거나 "저는 그저 가게를 운영하는 장사꾼일 뿐입니다"라고 대답하곤 한다.

여기서 "그저"라는 단어는 갖다 버려라! 당신이 그리스도의 제자라면 그 자체가 직업적인 호칭이고 업무 내역이다. 다른 데서 존귀함이나 고매함을 찾지 마라.

그리고 성경에 나오는 핵심 인물 상당수가 평범한 사람이었음을 잊지 마라.

아브라함은 이리저리 옮겨 다니는 농부이자 기업가였다.
모세는 하나님의 부름을 받기 전 생의 일부를 왕궁에서 지적 훈련을 받으며 살았고, 한동안 목축업자로도 살았다.
요셉은 축산업에 종사했다가 어떤 집안의 종으로 섬긴 뒤, 한동안 감옥에서 "모범수"로 있다가 마침내 정부의 고위직에 올랐다.
룻은 과부요 피난민이요 농장 노동자요 가정주부였다.
에스더는 슈퍼모델의 미모를 가진 아가씨로서 여왕이 되었다.
다니엘은 공무원이었다.
다윗은 목축업자요 음악가요 군인이요 왕이었다(동시에 그랬던 것은 아니지만!).
아모스는 목축업자요 농부였다.
이사야는 왕실에서 섬기는 사람이었다.
느헤미야는 왕의 주류(酒類) 관리자로 일했던 재외 국민이었다.
엘리사는 부유한 지주였다.

윌리엄 틴들은 신약성경을 영어로 옮긴 인물로서 다음과 같이 말했다.

> 하나님을 기쁘게 하는 것보다 더 나은 일은 없다. 물을 긷는 일, 접시를 씻는 일, 구두를 수선하는 일 또는 사도가 되는 것은 모두 마찬가지다. 접시를 씻는 일이나 설교하는 일 둘 다 하나님을 기쁘게 하는 행위라는 면에서 마찬가지다.

틴들은 하나님이 우리를 두신 곳이면 어디서든지 그분을 섬기고 최선을 다하는 것이 우리의 목표라고 말한다.

내 친구 데이브는 사십대 중반에 그리스도인이 되었다. 그는 우리 도시에 있는 큰 회사의 경영인이자 크리켓 클럽의 인기 있는 회원이었다. 데이브와 그의 아내 질은 우리 부부가 인도하던, 초신자를 위한 제자 훈련 모임의 멤버이기도 했다. 우리는 그 모임에 기독교 신앙의 기본 진리를 소개하는 역할을 했으나, 흔히 그렇듯이 우리가 주는 것보다 받는 것이 더 많았다.

내가 기억하기로 데이브는 새로 갖게 된 신앙과 일상생활의 모든 부분을 통합하기로 결심했던 신자였다. 예수님의 제자라는 신분을 사업을 운영하는 방식, 직원을 다루는 방법, 심지어는 크리켓을 하는 방식에까지 연계시켰다. 솔직히 말하면, 내가 한결같은 마음으로 대하기가 어려울 때도 있었다. 그가 매주 끊임없이 질문하는 바람에 귀찮기까지 했다.

그러나 그의 끈질긴 모습은 내게 도전이 되었고 다른 사람들에게도 감동을 주었다. 이처럼 데이브는 주일뿐 아니라 평일에도 활약하는 통합된 신앙을 갖고 싶었던 것이다.

Key Point

예수님은 자기를 좇으라고 우리를 부르신다. 제자도는 일상적인 일과 인간관계의 세계 속에서 실천되는 것이다. 내가 하는 일이 무엇이든 그 일은 하나님께 중요하다.

내가 당신을 방문하여 당신의 교회를 보여달라고 부탁한다고 상상해보라. 당신은 나를 높은 첨탑과 스테인드글라스 창문이 달린 화려하고 거대한 건물로 데려갈지 모른다. 혹은 주차장이 딸린 현대식 건물일 수도 있고 주름진 지붕을 가진 작은 오두막일 수도 있으며, 주말에만 임대하는 마을 회관일 수도 있다. 어쨌거나 지리적으로 정확한 장소로 나를 데려갈 것이 분명하다. 당신의 교회가 모이는 장소를 나보다는 더 잘 알 테니까. 그러나 신학적으로는 당신이 틀렸다.

당신의 교회를 보고 싶다면, 나는 슈퍼마켓을 방문하여 계산대 점원을 만나거나 학교로 가서 4학년 2반 담임선생이 일하는 모습을 봐야 한다. 고속도로에서 대형 화물트럭을 운전하는 남자도 있다. 또한 어린아이를 돌보는 엄마도 여럿 있으며 연로한 친구나 친척을 보살피는 사람들도 있다.

내가 당신의 교회를 만나고 싶다면 결코 텅 빈 건물만을 보지는 않을 것이다. 교회는 공동체요 사람들이다. 그들이 월요일 아침 8시 30분에 사무실이나 학교, 슈퍼마켓의 문을 들어가는 순간에 그리스도의 살아 있는 교회의 지체라는 신분이 중지되는 것이 아니다. 우리가 이 진리를 파악하면 일의 세계는 전혀 다른 의미를 지니게 된다. 일의 세계도 그리스도를 좇아야 할 내 소명의 일부다. 유급이든 무급이든 내가 하는 일은 제자도의 반대편에 있는 것이 아니라 그 일부인 것이다.

17세기의 시인 조지 허버트는 이 점을 완벽하게 포착하여 다음과 같은 멋진 시구를 썼다.

> 나의 하나님, 나의 왕이시여
> 모든 일 안에서 당신을 볼 수 있도록
> 나를 가르치소서.
> 또 내가 무슨 일을 하든
> 당신을 위해 하듯 하게 하소서.

인생을 이런 식으로 보면 모든 것이 새로운 의미를 덧입게 된다. 내가 속한 일의 세계가 어떤 형태를 갖고 있든지, 내가 그 일을 저주가 아닌 축복으로 대하면 거기에 계신 하나님을 보게 될 것이다. 그리고 언제나 그렇듯 그분은 모든 것을 바꾸어놓으신다.

더 생각할 문제

[1] 당신은 무슨 일을 할 때 성취감을 느끼는가? 그와 같은 성취감은 당신이 하나님의 형상으로 만들어졌다는 사실과 어떤 관계가 있는가?

[2] 당신의 일상적인 일이 "하나님의 창조 명령"에 따른 결과라면, 이 사실이 일을 대하는 당신의 태도에 어떤 영향을 미치는가?

[3] "예수님은 평범한 삶을 살았다." 이 사실을 곰곰이 생각해보라. 당신의 일과 인간관계를 보는 눈이 어떻게 바뀌는가?

2. 하나님은 월요일에 무슨 일을 하실까?

내가 신학교에 다닐 때는 매일 졸업생들을 위해 기도하는 전통이 있었다. 우리는 사람들이 보낸 기도 카드를 이용해서 기도하곤 했다. "맨체스터에서 교구 목사로 사역하는 누구누구를 위해 기도해주세요", "태국에서 의료 선교사로 일하는 이 부부를 기억해주세요" 등등. 어느 날 아침에 집어든 한 기도 카드가 채플에 모인 사람들을 웃겼다. 그 카드에는 이런 부탁이 적혀 있었다. "현재 펙캄에 있는 중국집에서 예수님을 섬기고 있는 프레드를 위해 기도해주세요."

킥킥거리던 웃음소리가 사라진 뒤에 나는 심오한 진리를 하나 깨달았다. 사도 바울에 따르면, 프레드는 누구로부터 급료를 받든지 예수님을 섬기고 있다는 진리였다.

신약성경에 나오는 편지들을 보면 하나님은 소위 기독교 활동만큼이나 우리의 직업 생활에도 관심을 갖고 계신 것을 알게 된다. 삶의 모든 부분을 그리스도의 제자답게 살아야 하기 때문이다.

우리는 중국집에서 일하거나 구덩이를 파거나 빨래를 널거나 세탁기를 바꾸거나 이사회용 보고서를 준비하거나 물이 새는 수도꼭지를 고치는 일을 통해서도 주 예수를 섬길 수 있다. 당신이 하나님의 자녀라면 다음과 같은 바울의 진술을 귀담아 들어야 하리라.

너희는 주 그리스도를 섬기느니라.[1]

그러나 우리가 언제나 그렇게 사는 것은 아니다. 한번은 친구와 대화를 나누다가 이런 말을 들은 적이 있다. "우리는 그리스도께서 언제나 우리와 함께한다고 배웠지. 하지만 그것이 내가 하는 일과 무슨 관계가 있는지 잘 모르겠어. 나는 일하러 갈 때 예수님을 회사 건물의 정문 앞에 세워두었다가 귀가할 때 다시 만나곤 하는 것 같거든."

그 친구의 솔직한 말이 고마웠다. 아마도 그만이 그런 생각을 하는 것은 아닐 것이다.

> 나는 일하러 갈 때는 예수님을 회사 정문 앞에 두고 들어간다네.

예배를 드릴 때나 소그룹으로 모일 때는 "기독교 용어"를 사용하는 것이 자연스럽다. 그러나 일의 세계는 전혀 딴판이다. 거기서는 예수님의 이름을 입에 올리는 적이 없다.

하지만 성경은 전혀 다른 그림을 그리고 있다. 하나님은 세상에 부재하는 분이 아니고, 교회 프로그램 바깥의 삶에도 관심을 갖고 계신다. 성경은 하나님을 무소부재하시고(어디에나 계시고) 전지하시며(모든 걸 아시며) 전능하신(모든 걸 할 수 있는) 분으로 묘사한다. 그분은 자기가 만든 세계에 일주일 내내, 하루 24시간 동안 관여하고 계신다. 아울러 복음서는 예수님을 실생활에 동참하는 분으로 그리고 있다. 그분의 가르침은 일상적인 이야기로 가득 차 있었고 그분의 친구들은 일하는 남자와 여자들이었으며 그분의 활동은 현실 세계에 사는 진짜 사람들과 관련된 것이었다.

어린 시절, 담임선생님이 쇼핑하는 모습을 보았던 기억이 지금도 생생하다. 킹 선생님이 한 남자와 함께 걸어가는 것을 보고 충격을 받았는데, 아니 그들이 서로 손을 잡고 있는 것이 아닌가! 나로서는 킹 선생님 같은 분에게 학교 생활 이외의 삶이 있으리라고는 상상할 수 없었다. 나는 금요일마다 청소부가 체육 장비와 함께 선생님들을 벽장에 넣어두었다가 누군가 월요일에 다시 그들을 내놓는다고 생각했던 것이다.

어쩌면 그리스도인들 중에도 예수님에 대해 그런 식으로 믿는 이들이 있는 것 같다.

그러면 왜 우리 가운데 어떤 이들은 일을 할 때 "예수님을 문 밖에 세워두고" 들어가는 것일까?

그것은 우리가 삶을 여러 구획으로 나누고 통째로 보지 않기 때문이다. 그래서 영적인 활동(교회와 관련된 것, 믿는 친구, 기독교 행사 등)과 나머지 부분으로 삶을 구분한다. 달리 말하면, "성스러운" 영역과 "세속적인" 영역으로 구별하면서 은근히 하나님이 전자에만 관심이 있다고 생각하는 것이다.

네덜란드의 빼어난 신학자로 수상까지 역임한 정치가였으며, 암스테르담 자유대학을 설립한 장본인인 아브라함 카이퍼는 이런 말을 한 적이 있다.

> 우리의 삶 가운데 주 예수께서 손을 얹고 "이건 내 것이다!"라고 말하지 않는 영역은 한 치도 없다.

카이퍼는 신약성경의 가르침, 곧 제자도는 삶의 일부가 아닌 전 영역과 관련된 것이라는 가르침을 반추하고 있었던 것이다. 이 점을 잘 보여주는 예로서 신약성경의 한 편지에 나오는 대목을 살펴볼 생각이다. 잠깐 시간을 내어 골로새서 3:1-4:1을 읽으면서 거기에 나오는 주제들을 적어보라.

골로새에 사는 회중은 다 함께 모여 바울의 편지가 낭독되는 것을 들었을 것이다. 요즘 우리들처럼 조금씩 읽지 않고 한 번에 전체 내용을 다 읽었을 것이다. 이 편지의 중심 주제는 "예수님은 당신에게 필요한 전부다"라고 요약될 수 있다. 당시 이 어린 교회는, 그리스도를 믿는 믿음만으로는 충분치 않고 정식 그리스도인이 되려면 다른 신비한 체험이 필요하다는 주장에 영향을 받았던 것 같다.

바울은 그런 주장에 맞서 예수님과 같은 존재는 아무도 없다는 점을 분명히 했다. 그분이 만물의 주인이고 그분 안에 모든 지혜와 지식의 보화가 있다고 주장했다. 그분의 죽음과 부활로부터 아무것도 더하거나 빼서는 안 된다고 했다. 그분은 이 세상에 있는 악의 배후에 놓인 권세자들과 통치자들을 이기고 승리하셨다. 오직 예수 그리스도 안에만 구원이 있다.

이 단락에서 바울은 제자도에 필연적으로 수반되는 사항을 설명하고 있다. 이 대목을 읽으면서 바울이 골로새에 있는 동료 그리스도인들에게 전달하려는 내용을 개관하다가, 나는 다음과 같은 요점을 정리하게 되었다.

3:1-4

초점을 똑바로 맞추라. 하나님의 것에 마음을 고정해야지 영원하지 않을 것에 몰두하면 안 된다.

3:5-11

이전의 생활 방식을 상징하는 낡은 옷(습관과 태도)을 벗으라.

3:12-14

대신 하나님의 은혜를 맛본 사람에게 어울리는 새 옷(습관과 태도)을 입으라.

3:15-17

예배와 감사로 충만한 사람들이 되라.

3:18-21

교회에서만이 아니라 집에서도 그리스도의 신실한 제자로 살라.

3:22-4:1

일터에서도 신실한 제자로 살라.

이 단락의 특징은 삶의 주요 부문을 통째로 취급하고 있다는 점이다. 나의 개인적 생활(야망, 가치관, 행실, 관계), 나의 가족, 나의 교회, 나의 직장 생활 등이 모두 그리스도를 좇는 제자다운 삶에 포함되어 있다.

Key Point

그리스도인의 제자도는 주일만이 아니라 우리 삶의 모든 영역과 관련되어 있다.

우리는 "너무 천국만 생각하다보니 땅에서는 아무 쓸모가 없다"는 말을 종종 듣는다. 자칫하면 바울이 2절에서 말하는 것을 그렇게 잘못 생각하기가 쉽다.

> 위의 것을 생각하고 땅의 것을 생각하지 말라.[2]

곧이어 바울은 우리의 믿음을 일상생활에 적용해야 한다고 설명한다. 그러므로 우리에게 공상만 하면서 비현실적인 삶을 살라고 격려하는 것이 아님이 분명하다. 오히려 그와 정반대로 말하고 있다. 바울은 땅에 발을 붙이고 있다.

유명한 저자인 G. K. 체스터턴은 언젠가 그리스도를 믿기 이전의 삶을, 마치 머리를 모래에 처박고 공중으로 두 다리를 거칠게 흔드는 모습과 같다고 묘사한 적이 있다. 그에게 보이는 현실은 땅뿐이다. 그래서 머리를 거기에 묻고 있는 것이다. 하지만 그 사람이 개인적인 믿음을 갖게 되면 하나님이 그의 머리를 모래에서 끌어내신다. 그래서 그리스도인이 된 사람은 결국 발을 땅에 대고 머리는 하늘에 둔 채 어디로 갈지를 분명히 볼 수 있게 된다.

이를 염두에 두면서 앞의 단락이, 일터에서 그리스도의 제자가 된다는 것을 어떻게 설명하는지 살펴보고 싶다. 특히 다음 세 가지 질문을 다루고 싶다.

- 나의 보스는 누구인가?
- 나의 직무는 무엇인가?
- 나는 직무를 어떻게 수행해야 하는가?

나의 보스는 누구인가?

바울은 노예와 주인에 대해 쓰고 있는데,[3] 이는 현재 우리의 경험과는 너무도 동떨어진 것 같다. 마치 오래전에 불필요하게 된, 다른 시대의 기계와 장치를 전시하는 박물관을 방문하는 느낌이다. 초대교회 신도들이 어떻게 살았는지는 흥미롭지만, 그것이 현대를 사는 우리에게는 아무것도 제공하지 않는 것처럼 여겨지는 것이다.

그러나 노예/주인이라고 부르든 직원/보스라고 부르든, 바울이 가르치는 원리는 모든 시대에 적용된다. 우리는 직원/보스라는 말에 더 익숙할지 모르나, 바울이 이 편지를 쓸 당시에는 노예제가 로마 세계 구조의 일부였다. 당시에는 로마 인구의 3분의 1이 노예로 구성되어 있었던 것으로 추정된다. 사람들은 전쟁에서 포로로 잡히는 등의 특수한 상황 때문에,[4] 혹은 빚을 갚을 능력이 없어서나 어린 시절에 버림받아서 노예가 되었다. 어떤 이들은 범죄에 대한 징벌로 노예로 살도록 선고받았고 다른 이들은 불행한 부모의 대를 이어 노예로 태어나기도 했다. 글쎄, 21세기는 더 나은 시대라고 느낄지 모르지만, 사실은 그렇지도 않다. 노예제는 지금도 세계 곳곳에서 번창하고 있는 사업이기 때문이다.[5]

바울이 골로새 교회에 편지를 쓸 때는 그 교인들 가운데 노예도 있고 주인도 있었다. 사도는 노예에게 누가 궁극적인 보스인지를 상기시키고 있다.

> 무슨 일을 하든지 마음을 다하여 주께 하듯 하고, 사람에게 하듯 하지 말라. 이는 기업의 상을 주께 받을 줄 아나니, 너희는 주 그리스도를 섬기느니라.[6]

노예 소유주들도 그에 못지않은 도전을 받는다.

> 상전들아, 의와 공평을 종들에게 베풀지니, 너희에게도 하늘에 상전이 계심을 알지어다.[7]

이는 실로 혁명적인 가르침이었다. 노예는 법적인 권리도 없이 재산으로 취급되던 세계에서 바울은 양자 모두에게 대등한 요구를 한 것이다. 주인과 노예 모두 무엇보다 예수님의 종으로서 자신의 일을 감당해야 한다고 권면했던 것이다.

바울의 이런 가르침은 우리의 존재 가치를 소득 수준이나 소비 역량으로 가늠하는 잘못된 서구 문화에서도 가히 혁명적이다. 당신의 명패가 사무실 앞에 걸려 있고 이름이 노트 위편에 인쇄되어 있는가, 아니면 화려한 명함과 특권이 없는 무명인인가? 사실 이런 것은 중요하지 않다. 예수님을 따르는 자들에게는, 일의 종류와 상관없이 예수님이 궁극적인 보스다.

맥도날드의 창설자인 레이 크록은 이런 말을 한 것으로 알려져 있다. "나는 맥도날드가 종교인 것처럼 그것을 믿는 믿음에 대해 얘기한다. 나는 하나님과 가족과 맥도날드를 믿는다. 그리고 사무실에서는 앞의 순서가 거꾸로 뒤집힌다." 이 말을 들으니 일을 시작할 때는 예수님을 문 밖에 세워두고 들어간다는 내 친구를 이해할 만하다. 그러나 바울에 따르면 그건 참으로 웃기는 신학이다! 예수님이 당신의 보스라면 어떻게 문 밖에 둘 수 있겠는가?

치매로 고생하던 한 노인에 관한 이야기를 들은 적이 있다. 노인은 오랫동안 그리스도인으로 살아온 터라 성경을 잘 알고 있었고 그것이 큰 위안이 되었다. 그런데 상태가 나빠지면서 그의 기억력도 점차 쇠약해져 갔다.

> 내가 또 이 고난을 받되 부끄러워하지 아니함은 내가 믿는 자를 내가 알고, 또한 내가 의탁한 것을 그날까지 그분이 능히 지키실 줄을 확신함이라.[8]

처음에는 이 구절을 기억하고 깊이 묵상하는 것만으로도 위로가 되었다. 하지만 정신이 점점 더 가물가물해지는 바람에 말씀 전체를 기억할 수 없게 되었고, 마지막에는 "내가 의탁한 것을 그날까지 그분이 능히 지키실 줄을 확신함이라"는 부분밖에 생각나지 않았다. 돌아가시기 전 마지막 두 주 동안에는 몸과 정신이 모두 쇠약해져서 기억나는 단어라고는 "그분"밖에 없었다. 마지막 숨을 거두기 몇 시간 전부터는 그 단어만 거듭해서 중얼거렸다. 순간순간마다 노인은 "그분, 그분, 그분"이라는 말만 거듭했던 것이다. 의학적으로는 환자가 기억을 잃었다고 판정할지 모르지만, 나는 오히려 찾았다고 생각한다.

우리 중에는 이 순간에도 일터에서 크게 고민하는 사람들이 있을 터인데, 어쩌면 우리의 보스가 누군지를 잊어버려서 그럴지도 모른다.

바로 그분 말이다.

Key Point

당신의 역할이나 직책, 소득 계층을 막론하고, 당신이 하나님의 자녀라면 예수님이 당신의 보스다.

나의 직무는 무엇인가?

설문지에는 흔히 우리의 직업을 묻는 난이 있다. 모르는 사람을 처음 소개받을 때에도 얼마 지나지 않아 "직업이 무엇이지요?" 하고 묻게 된다.

당신이 하는 일을 지금 당장 묘사해야 한다면 뭐라고 말하겠는가? 만일 유급직이 아니라면 설명하느라고 애를 먹을지도 모르겠다. 가령 온종일 어린아이를 돌본다거나 아픈 친구를 간호한다거나 남에게 봉사하는 일을 여러 가지 하고 있다면 분명 그럴 것이다.

그런데 예수님을 보스로 둔 그리스도인으로서는 내 직무를 어떻게 묘사할 수 있을까?

이에 대한 답을 얻기 위해 잠시 신약성경의 다른 편지를 살펴보고 싶다. 바울이 고린도에 있는 그리스도인에게 보낸 편지에 이런 대목이 나온다.

> 오직 주께서 각 사람에게 나눠 주신 대로 하나님이 각 사람을 부르신 그대로 행하라. 내가 모든 교회에서 이와 같이 명하노라. 할례자로서 부르심을 받은 자가 있느냐? 무할례자가 되지 말며, 무할례자로 부르심을 받은 자가 있느냐? 할례를 받지 말라. 할례받는 것도 아무것도 아니요, 할례받지 아니하는 것도 아무것도 아니로되, 오직 하나님의 계명을 지

킬 따름이니라. 각 사람은 부르심을 받은 그 부르심 그대로 지내라. 네가 종으로 있을 때에 부르심을 받았느냐? 염려하지 말라. 그러나 네가 자유롭게 될 수 있거든 그것을 이용하라. 주 안에서 부르심을 받은 자는 종이라도 주께 속한 자유인이요, 또 그와 같이 자유인으로 있을 때에 부르심을 받은 자는 그리스도의 종이니라. 너희는 값으로 사신 것이니, 사람들의 종이 되지 말라. 형제들아, 너희는 각각 부르심을 받은 그대로 하나님과 함께 거하라.[9]

내가 일부러 "부르심"이란 단어를 강조한 것에 주목하라. 바울은 이 짧은 대목에서 그 단어를 아홉 번이나 사용하고 있다. 윗 단락이 처음에는 약간 헷갈릴지 모르겠다. 특히 할례와 무할례를 언급하는 부분이 그럴 것이다. 그러나 바울이 말하는 요점은 이것이다. 그리스도를 따르는 자가 되는 변화를 제외하고는 당신의 현 상태를 바꾸려고 애쓰지 마라. 당신이 유대인이라면 이제 그리스도인이 되었더라도 당신의 배경인 유대 문화를 부정하지 마라. 그리고 당신이 이방인이라면 이방 문화가 당신의 배경인 만큼 그것을 부정하지 마라. 당신이 종으로 있지만 자유인이 될 기회가 있으면 그것을 취하되, 그런 주변적인 문제를 제일 중요한 것처럼은 생각하지 마라. 중요한 것은 당신이 하나님의 자녀라는 사실, 하나님이 당신을 부르셨다는 사실이다. 무엇보다도 하나님의 부르심에 비추어 인생을 살라.

흥미롭게도 "부르심"이란 단어는 교회를 뜻하는 단어와 연관이 있다. "교회"는 그리스어로 에클레시아(ecclesia)인데 이는 "하나님이 불러내신 사람들"이란 뜻이다. 그러므로 바울이 여기서 말하는 내용의 핵심은 이것이다. 나는 하나님의 자녀로, 그리고 그리스도의 제자로 살도록 부름 받았으며, 어떤 의미에서 이 부르심이야말로 나의 궁극적인 "직무"라는 것이다. 그런즉 내가 다음번에 직업을 묻는 난에 아주 정확하게 기입하려면, "예수 그리스도의 전임 제자"라고 써야 한다.

영어를 사용하는 우리는 "소명"(vocation, 부르심을 뜻하는 라틴어에서 온 단어)과 "직업"(job)을 서로 구별한다. 직업이란 단어는 가령 임대료를 지불하기 위해 종사하는 유급직을 의미하지만, 소명은 당신에게 어떤 야망이나 부르심이 있어서 특정한 분야에 들어감을 함축하고 있다. 이런 의미에서 후자는 아주 기독교적인 개념이다. 우리의 직업은 때때로 바뀔지언정 우리의 소명은 그리스도의 제자로 사는 것임을 가리키기 때문이다.

> 우리의 직업은 바뀔지언정, 그리스도 안에 있는 우리의 부르심은 언제나 변함이 없다.

이 점은 직업의 문제로 고심하는 사람들에게 자존감을 부여해줄 수 있다. 어떤 이들은 건강 문제로 유급직에 종사하지 못할 수도 있고 은퇴해서 더 이상 직장 생활을 못할 수도 있으며, 현재 정규직을 구하고 있지만 경제 불황 때문에 문이 열리지 않을 수도 있다. 이런 상황에서 성경이 말하는 바를 유심히 보라. 당신의 소명은 하나님의 자녀, 그분의 아들과 딸, 그리고 그리스도의 제자가 되도록 부르심을 받았다는 것이다. 직업이 바뀌고 직업적 환경은 달라질지라도, 그리스도 안에 있는 우리의 부르심은 언제나 변함이 없다.

그렇기 때문에 우리가 현재 하나님이 원하는 분야에 몸담고 있음을 아는 일이 매우 중요하다. 어떤 그리스도인은 직장을 바꾸려고 가족을 지구 한쪽에서 다른 쪽으로 옮기면서도, 그 문제에 관해 기도할 생각도 않고 또 자기를 영적으로 돌보는 이들과 의논도 하지 않는 경우가 있는데, 참으로 놀라운 일이 아닐 수 없다. 이는 구획화되어버린 기독교가 다시 고개를 쳐드는 양상이다. 하나님을 변두리로 밀어내는 현상이며, "위의 것을 생각하는 것"과는 정반대되는 모습이다. 우리의 태도가 "이것이야말로 돈을 더 많이 벌고 승진의 사다리를 올라갈 절호의 기회다"라는 식이라면, 이미 최상의 길을 놓치고 있는 셈이다. 우리가 위의 것을 생각한다면 맞닥뜨린 상황을 다른 안목으로 보게 될 것이다. 직업은 직업일 뿐이고, 우리의 소명은 하나님의 자녀다운 삶을 사는 일이기 때문이다.

이제 다시 골로새 교회에 준 바울의 가르침으로 되돌아가서 그의 말을 상기해보자.

무슨 일을 하든지 마음을 다하여 주께 하듯 하고, 사람에게 하듯 하지 말라.[10]

여기서 바울이 "무슨 일을 하든지…"라고 말하고 있음에 주목하라. 어떤 일은 중요하지만 다른 일은 그렇지 않다는 식으로 말해서는 안 된다. 당신이 지금 하고 있는 일이 무엇이든지 간에, 즉 근사한 직함이나 상당한 봉급이 딸린 일이든지 아니든지 간에, 당신의 소명은 하나님의 자녀답게 그 일을 해내는 것이다. 이렇게 말하면, 그건 비현실적인 생각이라고 당신이 말할지도 모르겠다. 그런 태도로 일터에서 일하면 살아남을 수 없다고 말이다. 그런데 우리는 "마음을 다하여" 일하라는 권면을 받고 있다. 이 세상 보스들 가운데 전심을 다해 일하는 일꾼을 칭찬하지 않을 사람이 있을까? 이는 실로 가장 고상한 동기가 아닐 수 없다.

어느 공장의 경영인이 "시간과 동작" 전문가의 방문을 받은 적이 있었다. 전문가가 "여기에 얼마나 많은 사람이 일하고 있습니까?" 하고 물었을 때, 공장의 책임자는 "이들 중 절반쯤이 일합니다!" 하고 대답했다고 한다.

런던의 메트로폴리탄 장막교회에서 담임목사로 사역했던 유명한 찰스 스펄전(1834-1892)에 관한 실화 중에는 이런 이야기가 있다. 당시는 정식 교인이 되려고 신청하면 그 교회 목사를 비롯한 모든 집사 및 장로와 인터뷰를 가져야 했던 시대였다. 그건 진정 끔찍한 테스트였다고 한다. 털보처럼 구레나룻과 턱수염을 기르고, 사슬 달린 시계에다 정장을 차려입은 길쭉한 얼굴의 빅토리아 시대풍의 근엄한 남자들 앞에 당신이 앉아 있는 장면을 상상해보라.

런던의 어느 커다란 집에서 하녀로 일하던 십대 소녀가 교인이 되겠다고 신청했다. 그녀가 안내를 받아 자리에 앉자 찰스 스펄전이 이렇게 물었다. "당신이 정말로 죄를 회개하고 그리스도를 믿고 있다는 것을 무엇으로 증명하겠소?"

잔뜩 긴장해 있던 소녀는 잠시 생각하더니 이렇게 응답했다. "글쎄요, 저는 집을 청소할 때 쓰레기를 몰래 구석에 숨기던 일을 그만두었습니다."

스펄전은 곧바로 "더 이상의 질문은 없습니다. 우리는 이 소녀를 받아들일 것입니다! 모두들 교제의 악수를 나누십시오"라고 말했다고 한다.

2. 하나님은 월요일에 무슨 일을 하실까?

이것이 바로 마음을 다하여 주님을 위해 일상적인 일을 수행한다는 말의 의미이다.

Key Point

나의 소명/부르심은 그리스도의 제자로 사는 것이다.

나는 직무를 어떻게 수행해야 하는가?

일의 세계는 많은 도전거리를 던진다. 바울은 우리가 일터에서 그리스도의 제자로 살 때 꼭 따라야 할 네 가지 원리를 설명하고 있다.

1. 순종하라

종들아, 모든 일에서 육신의 상전들에게 순종하라.

정말로 모든 일에서 그렇게 하란 말일까? 때로 우리는 어려운 선택을 해야 하고 도덕적 딜레마에 빠질 수도 있다. 그런 경우가 바로 가이사 원칙을 적용해야 할 때다. 한번은 예수님이 "가이사에게 세금을 바치는 것이 옳은가?" 하는 질문을 받은 적이 있었다. 그때 예수님은 "가이사의 것은 가이사에게, 하나님의 것은 하나님께 바치라"[11]고 응답하셨다.

가이사는 법에 따라 자기 것을 챙길 권한이 있지만, 그가 하나님께 속한 것을 요구하는 순간에는 즉시 그에게 "손을 떼라"고 말할 권리가 우리에게 있다. 만일 당신이 일터에서 부당한 것을 하도록 요구받는다면 마땅히 거부해야 한다. 어쩌면 그 일을 그만둘 때일지도 모르고, 당신의 거부 때문에 일자리를 잃게 될 수도 있다. 당신 말고도 그런 위기에 처한 사람이 많이 있음을 기억하라. 그러나 첫 번째 원리는 아주 분명하다. 회사의 규율, 보스의 기준 혹은 정부의 법에 순종하는 것이 우리가 그리스도께 헌신해 있음을 보여주는 한 가지 방법이다.

2. 정직하라

> 사람을 기쁘게 하는 자와 같이 눈가림만 하지 말고, 오직 주를 두려워하여 성실한 마음으로 하라.

상관이 볼 때 일을 잘하는 것은 쉽지만 아무도 보지 않을 때 우리는 어떻게 일하는가?

나는 목사라서 추천서를 써야 할 때가 종종 있다. 거기에는 후보자의 정직성, 신뢰성, 시간 엄수 여부, 남들과 잘 지내는 능력 등에 관한 구체적인 질문들이 있다. 바울에 따르면 우리는 아무도 보지 않을 때도 도덕적 정직성을 발휘해야 한다. 이는 사적인 전화 사용, 문구류 사용, 비용 청구, 업무 진척에 대한 정확한 보고, 무언가 잘못되었을 때의 책임 인정 등을 모두 포함한다.

그리스도인에게 정직은 최선의 정책 이상이다. 정직은 유일한 정책이다.

3. 열심히 일하라

무슨 일을 하든지 마음을 다하여 하라.

"마음을 다하여"라는 말은 정말 최선을 다하라는 뜻이다. 간단히 | 우리가 될 수 있는 최상의 존재를 목표로 삼을 필요가 있다.

말하면, 우리가 될 수 있는 최상의 존재를 목표로 삼을 필요가 있다. 내가 어떤 분야에서 가장 똑똑하거나 가장 노련하지는 않을지라도, 그리스도는 내가 가장 헌신된 일꾼이 되기를 바라신다.

오스카 해머스타인은 작곡가 리처드 로저와 손잡고, 우리가 즐겨 듣는 뮤지컬 「남태평양」과 「사운드 오브 뮤직」 등을 만든 유명한 작사가이다. 다음에 소개할 이야기는 이 작사가가 쓴 『리릭스』(Lyrics)라는 책에 나온 것으로, 그는 자기가 견지하는 높은 기준을 되돌아보는 계기가 된 개인적인 일화를 소개하고 있다.

해머스타인은 언젠가 헬리콥터에서 찍은 자유의 여신상 사진을 본 적이 있었다. 그에게 충격을 준 것은 헬리콥터가 없던 시대에 그 조각이 만들어졌음에도 여신상의 머리 부분이 너무도 정교하다는 점이었다. 조각가는 언젠가 사람들이 그 위로 날면서 아주 가까이서 자기 작품을 볼 것이라고는 상상도 못했겠지만, 눈에 보이는 부분만큼이나 감춰진 부분에도 공을 들였던 것이다. 그래서 해머스타인은 이렇게 쓰고 있다.

> 당신이 예술 작품을 창작하거나 다른 어떤 일을 하든지, 그 일을 완벽하게 마무리하라. 헬리콥터라든가 지금은 발명되지 않은 어떤 기구가 나중에 출현하여 당신의 참모습을 알아낼지도 모르기 때문이다.

사실 우리가 한 일에 대해 자부심을 갖는 것은 전혀 잘못이 아니다. 실은 정반대가 문제다. 창조 때에도 "하나님이 보시기에 좋았다"고 기록되어 있다. 하나님 형상대로 지음 받은 우리가 일의 결과에 자부심을 품으며 그것을 그분께 제물로 드림은 정상적인 일이다.

4. 공평하라

일에 관한 바울의 가르침에, 다음과 같이 짧은 어구 하나가 끼어 있는 것을 주목하라.

> …사람을 외모로 취하심이 없느니라.[12]

하나님은 특권의 혜택을 입은 부자들을 다르게 바라보지 않는다. 그분은 우리가 세금을 얼마나 많이 내는 계층인지에 좌우되지 않는다. 그리고 남을 책임지는 자들은 이런 경고를 받는다.

> 상전들아, 의와 공평을 종들에게 베풀지니, 너희에게도 하늘에 상전이 계심을 알지어다.[13]

우리 가운데 남들의 복지, 급여, 근무 조건 등을 책임지는 이들이 여기에 포함된다. 당신이 보스가 아니라 중간 관리자의 직책을 갖고 있더라도 그 부류에 들어간다. 우리는 하늘에 계신 상전에게 책임이 있다는 점을 유념하면서, 공평하게 판단하고 결정하며 사람들을 공정하게 대하고 의로운 결정을 내리도록 부름 받았다.

> **Key point**
> 그리스도의 제자로서 내 일을 잘 수행하려면, 계속해서 순종과 정직과 열심과 공평성을 목표로 삼을 필요가 있다.

19세기의 위대한 개척 선교사였던 허드슨 테일러는 "개와 고양이" 테스트라는 것을 제안했다.

> 만일 당신의 아버지와 어머니, 형제와 자매, 당신 집에 있는 개와 고양이가 당신이 그리스도인이기 때문에 더 행복하지 않다면, 당신이 진정한 신자인지가 의심스럽다.

어쩌면 바울이 이 대목보다 몇 절 앞서 한 진술이, 예수님을 문 밖에 세워두지 않고 일의 세계로 모셔오도록 우리를 도울 수 있을 것이다.

> 또 무엇을 하든지, 말에나 일에나 다 주 예수의 이름으로 하고, 그를 힘입어 하나님 아버지께 감사하라.[14]

"무엇을 하든지." 여기에는 "나는 그저 가정주부일 뿐입니다"와 같은 말이 들어설 여지가 없다. 분명히 "무엇을 하든지"라고 말하고 있다. 이번 주에 당신이 일의 세계에서 무엇을 하든지—버스를 운전하든, 편지를 받아쓰든, 법원에 가든, 우는 자를 팔로 안아주든, 자녀의 숙제를 도와주든—즉 당신이 무엇을 하든지 간에 모두 주 예수의 이름으로 하고 그를 통하여 하나님 아버지께 감사하라는 말이다.

제안하고 싶은 것이 있다. 이 구절을 종이에 써서, 면도용 거울과 싱크대 위 그리고 운전대 옆에도 붙여보라. 또 늘 상기하기 위해 컴퓨터 스크린 위에도 붙이라. 인용할 구절은 골로새서 3:17만으로 충분할 것이다. 어떤 식으로 쓰든지 또 어디에 붙이든지 간에, 이 말씀을 배우고 기도하며 이것이 당신 삶의 일부가 되게 하라.

이제는 앞서 언급한 내 친구처럼 예수님을 일터 입구에 세워둘 수 있다고 여기는 것은 잘못된 태도임을 알 수 있을 것이다. 당신은 예수님을 어느 특정한 곳에 둘 수 없다. 그분은 어디에나 계시기 때문이다.

우리가 이 점을 깨닫기만 하면 세계를 보는 방식과 인생을 사는 방식 그리고 일상적인 일을 대하는 방식에 혁명적인 변화가 일어날 것이다.

더 생각할 문제

[1] 당신 친구 중에 예수님을 회사 정문 앞에 세워두고 들어간다고 말하는 사람이 있다고 하자. 당신은 그가 생각을 달리 하도록 어떻게 도울 수 있겠는가?

[2] "예수님은 나의 보스다"라는 생각은 일상적인 일을 보는 당신의 관점에 어떤 영향을 주는가?

[3] 일에 대해 "기독교적으로 생각하도록" 돕는 네 가지 지침을 곰곰이 생각해보라.

- 순종
- 정직
- 열심히 일함
- 공평함

이런 가치들은 현재 당신의 일하는 방식에 어떤 영향을 미치겠는가? 몇 가지를 구체적으로 얘기해보라.

3. 내 일이 너무 싫은 걸 어떡해!

과거에 내가 목사로 섬겼던 한 교회는 특별히 일터에 초점을 맞추었다. 우리는 교인들에게 직장에서 겪는 어려움을 얘기해달라고 격려했다. 그들을 초대하여 구체적인 기도 제목을 적을 수 있는 카드를 나눠주고 거기에 기입하도록 했다. 그것은 헌신과 초대가 필요한 사역이었다.

말하자면, 우리 기도팀은 카드에 기록된 내용을 놓고 매주 구체적으로 기도하겠다고 헌신해야 했다. 또 그 카드를 기록한 당사자도 매일 자기가 부탁한 기도 제목을 놓고 기도하도록 초대하는 일도 필요했다. 우리의 도전거리는 하나님을 일터에 모셔오는 일이었고, 교인들의 기도 제목은 아주 다양한 필요가 있음을 보여주었다.

어린아이 셋을 둔 엄마로서 내가 하는 일이 중요하다고 느낄 수 있도록 기도해주세요.

여러 명의 직원의 장래를 놓고 내가 이번 주에 바른 결정을 내릴 수 있도록 기도해주세요.

내 삶을 비참하게 만드는 아무개씨와 되도록 잘 지낼 수 있도록 기도해주세요.

이번에 우리가 계약을 따낼 수 있도록 기도해주세요.

제발 기도해주세요. 치매에 걸린 아내를 돌보고 있는데, 나에게 많은 사랑과 인내심이 필요합니다.

해고된 지 벌써 2년이나 되었는데 꼭 직장을 구할 수 있도록 기도해주세요.

4학년 2반이 잘 자리 잡고 내가 학생들에게 존경받을 수 있도록 기도해주세요.

일터에서 돌아가는 잘못된 일에 대해 분명히 말해야 하는데 나에게 용기가 부족하니 기도가 꼭 필요합니다.

내가 신자라는 것을 좀더 나타낼 수 있도록 기도해주세요.

내가 하는 일을 좀더 즐겁게 수행하고 그것이 보람 있는 일임을 느낄 수 있도록 기도해주시기 바랍니다.

고객들, 특히 불평이 많은 손님들을 좀더 즐거운 태도로 대할 수 있도록 도와주세요.

이번에 나오는 교육청 감사를 무사히 받을 수 있도록, 그리고 지나친 스트레스를 받지 않도록 기도해주세요.

교인들의 반응과 결과는 대단했다. 대다수의 기도 부탁은 당연히 무명으로 제출되었지만, 상당수가 응답받은 기도에 대해 함께 나누었다. 그 가운데 일부는 직장 문제를 놓고 예전에는 그처럼 구체적으로 기도한 적이 없었다고 했다. 그러니까 과거에는 어려운 결정, 거북한 동료, 마감의 스트레스 등을 중요한 기도 제목으로 떠올리지 못했던 것이다. 한 사람은 "이를 계기로 나의 일을 보는 눈이 완전히 변했다!"고 간증하기까지 했다.

그로부터 우리가 배울 수 있었던 교훈은 하나님이 교회 생활뿐 아니라 삶의 모든 영역에 관심을 갖고 계시다는 사실이었다. 그리고 우리가 일터의 문제를 놓고 서로를 위해 기도하는 계기가 되었다.

> **Key point**
> 하나님은 우리의 일터를 변화시킬 수 있는 분이다.

엉뚱한 일을 하고 있다고?

우리가 하는 일이 정말 싫을 때는 어떻게 해야 하는가?

언젠가 자기 직업에 갇혀 옴짝달싹 못한다고 느끼는 남자와 식사를 한 적이 있었다. 그는 자기 일을 성공적으로 해내고 있었고 상당한 봉급도 받고 있었으나, 무언가 다른 일을 해야 한다는 의구심을 떨쳐버릴 수 없었다. 우리는 하나님의 인도, 재능, 따분한 일에서 만족감을 얻는 법 등에 관해 얘기했다. 그런데 서로 헤어질 때 내 마음속에 "이 사람은 이미 하나님의 부르심에 따라 일하고 있으면서도 아직도 더 나은 무엇을 찾고 있구나" 하는 생각이 떠올랐다.

어쩌면 당신도 하는 일이 별로 달갑지 않지만 그 이유를 딱 집어서 말하기 어려운 처지에 있을지도 모르겠다. 그렇다면 다음 질문을 던져보라. "나는 하나님이 두신 자리에 있는 것인가?" 이 질문에 대한 응답에 따라 당신이 취할 조치가 달라질 것이다.

어떤 이들은 자기에게 잘 어울리는 일을 하고 있지만 밀려오는 압박을 견디기 어려워한다. 다른 이들은 너무 버거운 짐과 동료들의 높은 기대치를 문제로 지적한다. 또 어떤 이들은 직업적으로 상당 수준에 올라 안정기에 진입한 나머지 더 이상 만족감을 느끼지 못한다고 한다. 이런 문제들은 충분히 이해할 만하고 또 해결책이 없는 것도 아니다. 그러나 근본 문제는 우리가 과연 하나님이 두신 그 자리에 있는지 여부를 발견하는 일이다.

수상으로 재임하던 시절 토니 블레어는 자기 선거구에서, 직장으로 복귀하려는 이들을 위한 컴퓨터 강좌에 일반인들과 함께 참석한 적이 있었다. 사진을 찍기 좋은 절호의 기회였기에 사진 기자와 저널리스트들이 왕창 몰려들었다. 블레어는 옆자리에 앉은 남자가 불편해하는 기색을 눈치 챘다. 그래서 그에게 "내가 누군지를 잊어버리고 이렇게 된 것을 무시해버리세요" 하고 안심을 시켰다.

그 이웃은 감사를 표하고는 이렇게 응답하는 것이었다. "내 마음에 걸리는 문제는 카메라가 아닙니다. 내가 불편한 것은 컴퓨터에 관한 시험을 칠 때마다 나는 정답을 맞추는데 당신은 오답을 표시하고 있다는 사실 때문입니다. 그런데도 나는 실업자고 당신은 수상이 아닙니까!"

우리가 답변할 수 없는 질문들도 있기 마련이다. 그리고 우리가 접하는 문제 가운데는, 적어도 당장은 이해할 수 없는 것들도 있다.

우리가 엉뚱한 일을 하고 있다는 결론에 도달하면 어떻게 해야 하는가?

최근에 나는 "폭풍우 속의 믿음"이란 제목으로 설교한 적이 있다. 한 교인이 며칠 뒤에 내게 이메일을 보내면서 "저는 폭풍우 속에 있다기보다 잠잠해진 상태에 있습니다. 그런데 아무 일도 일어나지 않고 있습니다. 도와주세요!" 하고 말했다.

어쩌면 당신도 지금 그런 상황에 있을지 모르겠다. 당신은 현재의 일에서 간절히 벗어나고 싶지만 아무 변화도 일어나지 않아 답답한 상태에 빠져 있을 수 있다. 이와 관련해 도움이 될지도 모를 몇 가지 제안을 할까 한다.

당신이 씨름하고 있는 문제를 글로 써보라

문제를 종이에 써보면 생각을 가다듬는 데 도움이 된다. 당신이 하는 일 가운데 어떤 것들이 당신에게 욕구 불만과 분노와 지루함과 불만족을 안겨주는가? 언제나 그렇게 느껴왔는가, 아니면 당신의 생각을 바꾸어놓은 어떤 계기가 있었는가? 당신이 함께 일하기 어려운 사람들이 있는가? 그들을 대하는 당신의 태도가 어떤 식으로 바뀔 필요가 있는가?

> 문제를 종이에 써보면 생각을 가다듬는 데 도움이 된다.

당신에게 가장 이상적인 일이 무엇일지 글로 써보라

꿈꾸는 것을 두려워 말고 당신의 기술과 경험에 가장 잘 어울리는 것을 그려보라. 당신에게 이상적인 직업이 무엇일까 생각해보고 왜 그렇게 생각하는지 그 이유를 적어보라. 특정한 직업이 떠오르지 않으면, 이상적인 직업에 포함되기를 원하는 직무들을 열거해보라.

정말로 좋은 충고를 구하라

이런 충고는 당신이 신뢰하고 존경하는 직업 상담가, 목사, 동료, 혹은 친구로부터 얻을 수 있다. 심지어 당신의 보스에게서 구할 수도 있다! 당신이 하고 싶은 일에 이미 종사하고 있는 사람이 주변에 있는지 살펴보고, 그에게 가서 조언을 구하라. 불만족스러운 상태로 그냥 가만히 있지 마라. 적극적으로 노력하라.

기도하라

하나님을 당신의 일터로 모셔오고, 교회나 소그룹에 속한 친구들에게 함께 기도하자고 또 당신을 위해 기도해달라고 부탁하라. 시간을 질질 끌지 않도록 어느 정도 기간을 정해놓는 것도 괜찮은 방도다. 그 기간에 집중해서 기도하고, 다른 사람들에게도 알려서 그들도 당신을 위해 기도하도록 도모하라.

옴짝달싹 못한다고 느끼는 것은 답답한 노릇이지만, 이미 그런 경험을 거쳐 직업상의 변화를 겪어본 이들에게서 격려를 받을 수도 있을 것이다. 우리 교회에 속한 수지라는 젊은 여성과 나누었던 대화가 생각난다. 그녀는 따분한 일에 완전히 갇혔다고 느꼈지만, 대학교를 졸업할 때까지 학비를 대주었던 부모의 기대―괜찮은 직업을 갖고 경력을 쌓는 일―를 지나치게 의식했기 때문에 아무런 행동도 취하지 못하고 있었다. 수지는 서로 상충되는 우선순위들을 놓고 고민에 휩싸였다. 그래서 우리가 맨 먼저 한 일은 그 때문에 헝클어진 실타래를 하나씩 풀어나가는 것이었다. 부모님에게 무례를 범하지 않으면서도 그리스도인으로서 그녀 나름의 장래 계획을 짜는 일이 필요하다고 느꼈다. 가장 중요한 것은 하나님이 그녀에게 바라는 것이었다. 몇 달이 지난 뒤 수지는 자기 재능에 잘 맞는 새로운 직장에 정착하게 되었고, 게다가 부모도 딸의 결정에 크게 기뻐했다.

올바른 직업, 잘못된 태도?

언젠가 나는 같은 직장에 다니는 여러 명의 동료와 나란히 앉아 강사가 하는 이야기를 유심히 들은 적이 있었다. 그 강사는 (적어도 내게는) 당황스러운 질문을 던지면서 강의를 시작했다. "여러분 중에 원치 않는 곳에서 원치 않는 일을 하고 있는 사람은 손을 드십시오." 사실 그때 나는 하고 있는 일이 너무도 싫어서 두 손뿐 아니라 두 다리까지 공중에다 흔들고 싶은 심정이었다.

하지만 그렇게 하지 않았다.

그렇게 하지 않은 가장 첫 번째 이유는 내가 겁쟁이였기 때문이었고, 다음으로는 동료들이 던질 거북한 질문에 답하기 싫었기 때문이었다.

그럼에도 강사가 이어서 할 강연은 꼭 듣고 싶었다.

주제는 성경에 나오는 다니엘 이야기였다(이 이야기는 매우 어려운 상황을 다루고 있으므로 우리도 나중에 더 자세히 살펴볼 예정이다). 강사의 주장인즉, 다니엘은 아마 원치 않는 곳에 살면서 원치 않는 일을 했을 가능성이 높지만, 어쨌든 인생의 의미와 목적을 발견했다는 것이었다.

나는 다니엘의 이야기를 그런 식으로 읽은 적이 한 번도 없었다. 사자 굴과 불타는 용광로가 전부라고 생각했지, 일상 속에서 하나님의 은혜를 발견하는 것과 관계있는 이야기일 줄은 꿈에도 생각지 못했다. 내가 아는 것이 얼마나 적은지 그리고 새로 발견할 것이 얼마나 많은지를 새삼 깨달은 순간이었다.

다니엘 이야기가 우리에게 가르치는 것이 있다면, 그것은 우리도 어려운 환경에서 혹은 불가능해 보이는 일 가운데

서도 은혜를 발견할 수 있 | 비록 싫증 나는 일이라 할지라도 그것을 긍정적으로 다룰 길이 있는 법이다.
다는 사실이다. 비록 싫증
나는 일이라 할지라도 그것을 긍정적으로 다룰 길이 있는
법이다.

다니엘의 환경

다니엘의 이름은 "하나님은 나의 재판관"이란 뜻이며, 그 히브리 이름에는 출신 집안의 신앙이 깊숙이 배어 있다. 그는 유대인이었고, 예수 그리스도가 태어나기 약 600년 전에 유다 땅 예루살렘 성에서 살았다. 지금으로 말하면 상류층에 속하는, 문벌 좋은 가문 출신이었다.

다니엘은 폭풍이 휘몰아치는 역사의 격동기에 태어났다. 천하를 호령하던 앗시리아의 권세가 내리막길을 걸으면서, 패권이 바빌로니아 제국으로 넘어가고 있었다. 이집트는 군사 강국이었고 다니엘의 나라 유다는 이집트의 속국이었다. 유대인들은 이집트에 조공, 지금으로 말하면 세금을 바쳤는데, 바빌로니아는 속국 유다를 자기네 손아귀에 넣기로 결정했다. 이는 모두 세계적인 초강대국이 되려는 바빌로니아의 계획이었으며, 군사력으로 앗시리아와 이집트를 압도하고 나면 더 이상 걸릴 것이 없을 터였기 때문이었다.

이것이 바로 다니엘서를 여는 첫 구절의 배경이다.

> 유다 왕 여호야김이 다스린 지 삼 년이 되는 해에 바벨론(바빌로니아) 왕 느부갓네살이 예루살렘에 이르러 성을 에워쌌더니.[1]

위에서 읽을 수 있듯 바빌로니아의 첫 번째 공격은 기원전 605년경에 일어났다. 그리고 그 결과로 예루살렘 성과 그 성전을 폐허로 만든 세 차례에 걸친 포로 이송 중 첫 번째 이송이 실행되었다. 다니엘은 곤경에 처했고 느부갓네살의 잔인한 복속 정책에 휘말리게 되었다. 침략자의 복속 정책은, 유대 사회의 엘리트층을 자기네 수도인 바빌로니아로 끌고 가는 것을 포함했다. 꼭두각시 왕은 예루살렘에 그대로 남겨 두었지만, 권세와 영향력 있는 인물들은 모두 끌고 갔다. 그렇게 다니엘과 세 친구들도 두뇌 유출의 일부가 되었고, 그들이 알고 사랑했던 모든 것에서 뿌리가 뽑힌 채 낯선 문화에서 억지로 살아야 했다.

당시 십대로 추정되는 다니엘이 자기 나라와 세계 전부가 무너지는 것을 보았을 때, 그것이 어떤 의미로 다가왔을지는 참으로 상상하기가 어렵다. 느부갓네살은 인재들을 데려갔을 뿐 아니라 성전의 보물도 훔쳐다가 바빌로니아에서 숭배하던 이방신들의 신전에 갖다 놓았다. 그렇게 함으로써 누구의 신이 가장 위대한 신인지를 강력하게 선포하려 했던 것이다. 이처럼 다니엘과 그의 가족 및 친구들은 자기네 신앙에 닥친 도전에 대처해야 하는 상황에 직면했다.

느부갓네살의 정치적 전략은 유대인들의 마음과 지성 양편 모두를 얻기 위한 몸짓이었다. 그렇기 때문에 젊은 유대인 가운데 가장 총명하고 탁월한 자들을 골라내 특별 대우를 하라고 지시했던 것이다. 다니엘과 세 친구는 그들의 잠재력 덕분에 선택되어 집중적인 훈련을 거치게 되었다. 먼저 그들의 이름이 바뀌었고, 고유의 문화마저 바꾸려는 시도가 행해졌다. 바빌로니아의 언어와 역사와 문학을 그 후 3년 동안 배우게 되었던 것이다. 그 기간에는 왕의 부엌에서 나오는 최고의 음식을 먹게끔 되어 있었다. 느부갓네살의 정책은 두 가지 목표를 겨냥했다. 첫째는 식민지 나라에서 가장 총명하고 탁월한 인재를 빼앗는 것이고, 둘째는 재(再)프로그램 학습으로 차세대를 길러 새로운 상전들에게 충성을 다하게 만들려는 것이었다.

다니엘은 유대인들이 바빌로니아에서 포로로 살았던 70년 동안 줄곧 생존했던 것으로 추정된다. 하지만 느부갓네살이 무엇을 염두에 두었든지 간에, 다니엘에게는 통하지 않았다. 바빌로니아의 문화에 포섭되기는커녕 자신의 신앙과 지향점, 그 양자를 뚜렷하게 유지했다. 그럼에도 바빌로니아의 공직에서 승진을 계속하여 세 왕에 걸쳐 신임받는 자문관이 되었으며, 고결한 성품을 가진 사람으로 평판이 자자했다. 이러한 그의 생애로부터 배울 교훈은, 다니엘이 어려운 곳에서도 하나님을 찾았다는 점이다. 아니 좀더 정확하게 표현하자면, 하나님이 다니엘을 찾았고 그 어려운 곳에서 그를 통해 일하셨다고 할 수 있다.

다니엘의 이야기를 읽으면 다음 세 가지 사실을 알게 된다. 다니엘은 첫째로 원칙의 사람이었고(그는 물결을 거슬러 헤엄치는 법을 배웠다), 둘째로 기도의 사람이었으며(이것이 그의 비범한 삶의 열쇠였다), 셋째로 예언의 사람이었다(어떤 것들은 그의 생애 내에, 어떤 것들은 예수님 안에서 성취되었고, 어떤 것들은 장래에 성취될 것이다).

현재 어려운 상황 때문에 몸부림을 치는 자들이나 자기 직업에서 만족감을 못 느끼는 이들은 다니엘에게서 상당한 영감을 얻을 수 있다. 추정컨대 다니엘이야말로 다음과 같은 상황에 처했던 인물이기 때문이다.

- 자신이 원치 않은 장소에 살았고
- 자신이 섬기고 싶지 않은 사람을 위해 일했으며
- 자신이 원치 않은 일을 수행했다.

어떤 이들은 다니엘이 바빌로니아 궁전에서 막강한 지위에 올랐으며 편안한 생활을 즐기지 않았냐고 지적할 것이다. 인생이 그렇게 잘 풀렸는데 어려운 상황에 있었다는 게 무슨 소리냐고 반문할지도 모르겠다. 하지만 이 이야기의 기승전결 전체가 우리에게는 알려져 있지만, 다니엘에게는 알려져 있지 않았음을 기억하라. 십대 시절 고향에서 쫓겨나 적국으로 이송되었을 때만 해도, 이 믿음의 사람은 자기 인생이 어떻게 끝날지 전혀 모르고 있었다. 그가 주어진 기회를 최대한 활용하여 상당한 성취감을 맛본 것은 사실이지만, 처음부터 정치범이 되는 것을 달가워했으리라고는 생각되지 않는다.

다니엘서의 저자와 집필 시기를 둘러싸고 많은 논란이 있는 것은 사실이지만, 맨 앞부분에 나타난 표현들에는 뚜렷한 시사점이 있다. 이 어구가 다니엘의 펜에서 나왔든 아니든, 그의 생애는 성령에 기록된 바를 믿었음을 뚜렷이 보여주고 있다.

> 주께서 유다 왕 여호야김을…그의 손에 넘기시매…[2]

다니엘은 유다 백성에게 임한 재난이 하나님의 계획 속에 있음을 알게 되었다. 느부갓네살은 왕의 직책은 갖고 있었으나 실권자는 아니었다. 궁극적인 권세는 하나님의 손에 있었다. 그래서 우리와 | 궁극적인 권세는 하나님의 손에 있다.

다른 세대에 살았던 한 설교자는 다니엘에 관한 책을 쓰면서 그 부제를 "세계의 정치 체제 안에서 일어나는 하나님의 끈질긴 통치"[3]라고 붙였던 것이다.

다니엘은 바로 이런 믿음을 갖고 있었고, 그 덕분에 자신이 처한 상황을 믿음의 눈으로 볼 수 있었다. 자기가 하나님이 두신 자리에 있다는 것을 확신했고, 그렇지 않았다면 무의미하게 느껴졌을 상황 속에서조차 의미를 발견할 수 있었다.

> **Key point**
>
> 만일 내가 하나님이 두신 자리에 있다는 것을 안다면, 내가 처한 상황을 믿음의 눈으로 볼 수 있다.

다니엘의 헌신

다니엘은 바빌로니아에서 살아남았을 뿐 아니라 거기서 승승장구했다. 이야기를 읽어보면 다니엘이 주변 문화의 강력한 힘을 뿌리칠 수 있었던 것은, 그가 하나님께 특별히 헌신된 인물이었기 때문임을 알 수 있다. P. T. 포사이스는 다음과 같이 통찰력 있는 말을 남겼다.

만일 우리 속에 우리를 뛰어넘는 것이 하나도 없다면, 우리의 주변에 있는 것에 굴복하게 된다.[4]

다니엘과 세 친구의 삶에는 그들 조상의 하나님 곧 여호와에 대한 헌신이 있었고, 그 헌신이 불타는 용광로와 사자 굴의 시험을 견딜 수 있게 해주었다. 이는 다니엘의 성품을 형성했던 두 가지 원칙으로 입증될 수 있다.

1. 그는 자기 마음을 지켰다

잠언은 지혜로 가득 찬 책으로, 그 가운데는 이런 주옥같은 말씀이 있다.

> 모든 지킬 만한 것 중에 더욱 네 마음을 지키라,
> 생명의 근원이 이에서 남이니라.[5]

다니엘이 마음을 지키고자 헌신한 것은, 초기에 느부갓네살의 식탁에서 오는 값진 음식과 포도주를 거부한 사실에서도 볼 수 있다. 식성이 까다로웠기 때문이 아니었다. 학자들 사이에 의견이 분분하지만, 다니엘과 친구들은 다음 두 가지 이유 중 하나로 왕의 음식을 거부했던 것으로 보인다. 먼저 그들은 유대교의 음식 법을 벗어난 것은 먹지 않으려 했다. 아울러 왕의 음식과 포도주 중 첫 몫은 으레 바빌로니아 신들에게 바쳐졌기 때문이었다. 다니엘은 상당한 외교술과 매력을 발휘하여, 자기네 취지를 입증하기 위해 열흘 동안 채식과 물만 먹게 해달라고 감독관을 설득했다. 결국 그들은 승소했고 감독관의 인정도 받아 건강하고 뛰어난 학생들이 되었다.[6]

이 대목에서 특별히 주목할 구절은 이것이다.

> 다니엘은 뜻을 정하여 왕의 음식과 그가 마시는 포도주로 자기를 더럽히지 아니하리라 하고.[7]

다니엘은 어떤 것은 타협이 불가능한 것이라고 결정했고, 분명한 선을 그어야 행동 방침을 정할 수 있다고 생각했다. 우리가 경계선을 설정하고 그것을 고수할 때 마음을 지키기가 더 쉬운 법이다. 예컨대, 야망, 부, 일과 삶의 균형, 경력 이동, 인간관계, 정직성 등의 영역에서는 일찌감치 경계선을 그어놓고 수시로 점검하는 것이 지혜롭다.

로이스는 저널리스트인데, 신참 시절부터 추측과 소문에 의존하지 않고 실제 상황을 반영하는 이야기를 쓰기로 방침을 정했다. 그녀는 여러 보스를 거쳤는데 보스마다 그녀의 스타일에 달리 반응했다. 그중 한 사람은 "융통성"이 없다는 이유로 그녀를 괴롭혔다. 그러나 로이스는 이 사태를 다르게 본다. 그녀의 목표는 공정하고 정확한 기사를 쓰는 것이므로 거기에 쓸데없는 푸석푸석한 내용은 없다.

나는 상당히 큰 자동차 세일즈 회사에서 일하는 회계사와 대화를 나눈 적이 있다. 우리는 신앙에 관해 얘기하고 있었는데, 그가 나에게 "나는 언제나 자동차 매매 분야에서는 그리스도인답게 일하는 것이 불가능하다고 믿어왔습니다" 하고 말하는 것이었다. 이어서 새로 얻는 직장에서는 헌신된 그리스도인으로 알려진 보스를 위해 일하고 있다고 덧붙였다. 그는 새 보스의 정직성과 업무 능력에 깊은 감명을 받았고, 자동차 세일즈 분야에서는 그리스도인답게 살 수 없다는 자신의 주장을 재고해야 했다고 말했다.

A. W. 토저는 "한 사람의 일이 거룩한지 세속적인지 여부를 정하는 것은 그 사람이 하는 일 자체가 아니다. 일을 하는 이유가 그것을 결정한다"고 썼다. 당신이 벽돌공이든 복음 전도자든, 은행 매니저든 목사든 당신이 하는 일이 그 여부를 정해주지 않고, 당신이 왜 그 일을 하는가 하는 것이 결정해준다.

다니엘의 직무 내역은 "느부갓네살 왕의 선임 자문관"이었을 테지만, 그것은 한갓 종이쪽지에 불과했을 것이다. 그의 마음속에 있는 직무 내역은 "하나님의 종"이었다.

당신이 마음속에 품고 있는 직무 내역은 무엇인가?

2. 그는 자기의 습관을 지켰다

다니엘이란 이름을 언급해보라. 그 이야기를 아는 사람이면 누구나 사자 굴을 연상할 것이다. 물론 사자 굴이 다니엘의 생애에서 가장 유명한 에피소드일지도 모른다. 그런데 무엇이 주인공을 그처럼 위험한 처지에 빠뜨린 것인가?[8]

여러 해가 지난 뒤 새로운 왕 메대 사람 다리오가 왕위를 차지했다. 다니엘은 이 정권 교체에도 살아남아 왕의 삼인방 중 한 명이 되었다. 이는 그의 기술과 가치가 어떠했는지를 충분히 말해주는 증거다.

그런데 일부 사람들이 다니엘의 영향력을 질투하여 그를 해임시킬 방도를 찾고 있었다. 하지만 그는 남의 이목을 꺼리는 비밀도 없었고, 뇌물이나 부정에 걸려들 사람도 아니었다. 다니엘이 실각하는 것을 보고 싶어했던 이들이 그를 넘어뜨릴 유일한 방도는, 그가 지키는 유대 신앙과 관련된 것밖에 없었다. 그들은 다리오의 오만한 마음에 호소하여 아무도 한 달 동안 어떤 신에게도 기도하지 못하도록 하자고 제안했다. 그 기간에는 오로지 다리오 왕만이 기도의 대상이 되어야 했고, 그런 경배 행위는 왕이 모든 사람이나 신들 가운데 가장 위대한 존재임을 입증할 것이었다.

그런데 다니엘은 사랑하는 예루살렘을 향하여 창문을 연 채 하루 세 번씩 기도하는 사람으로 잘 알려져 있었다. 고위 관료의 바쁜 일정에도 불구하고 이 일과는 공공연하게 계속되었고, 금령이 내려졌을 때도 문자 그대로 평생 지켜오던 습관은 바뀌지 않았다.

다니엘을 미워한 이들은 즉시 왕에게 가서 이 외국인이 왕의 금령을 어겨 그의 본색을 드러냈다고 고자질했다. 다리오는 괴로워하면서도 다니엘을 사자들에게 던지도록 허락했다. 왕은 자신의 가장 충성스런 종을 구하려고 모든 수단을 강구했으나 결국 실패했고, 다니엘은 용감하게 죽음에 직면했다. 하지만 드디어 하나님이 그를 구출하셨고, 이는 왕으로 하여금 제국의 사방팔방으로 놀라운 조서를 보내 다니엘의 하나님을 찬양하게 만들었다.

> 그는 살아 계시는 하나님이시요
> 영원히 변하지 않으실 이시며,
> 그의 나라는 멸망하지 아니할 것이요
> 그의 권세는 무궁할 것이며.[9]

다니엘은 자기 경력에서 의도적인 선택을 내렸으며, 그 선택의 일관성은 다양한 시점에서 거듭 확증되었다. 그는 처한 환경에 좌우되지 않고 자신의 성품에 따라 살기로 결심했다. 또한 경건한 습관을 지킴으로써 신앙을 더욱 돈독히 하였다.

많은 사람들이 다니엘처럼 할 수 있는 능력을 쉽게 잃어버린다. 성공의 사다리에서 높이 올라갈수록 타협하고 잔꾀를 부리기 일쑤다. 권력과 영향력과 부가 증대할수록 좋은 습관은 쇠퇴하고 나쁜 습관이 번성하기 마련이다. 그렇기 때문에 그리스도의 제자인 우리는 좋은 관계를 구축하여 서로서로 책임지고 격려할 필요가 있다. 그런데 안타깝게도 사회적 지위가 높아질수록 영적인 버팀목이 약해지는 경향이 있다. 처음부터 신앙을 부인하지는 않지만, 더 급한 일 때문에 신앙이 우선순위에서 밀려나게 된다. 출장, 회의, 성공을 향한 욕망이 힘을 합쳐 경건한 습관을 주변부로 밀어낸다. 교회 출석도 점차 줄어들고 다른 신자들과 교제하는 시간도 내기 어려워진다. 얼마 지나지 않아 차가운 명목주의가 한때 따스했던 마음을 얼어붙게 만든다.

하지만 다니엘의 이야기는 희망의 등대로 우뚝 서 있고, 우리에게 불신 세계에서도 경건한 삶을 살 수 있음을 가르쳐 준다.

Key point

나의 마음과 습관을 지키는 일이 경건한 성품을 가꾸어주는 두 가지 원칙이다.

다니엘의 진보

자기 일에 영적인 가치가 별로 없어 보이기 때문에 고민하는 이들이 있다. 다니엘도 그랬을지 모른다. 그의 생애는 두 이방 제국을 위해 권력의 바퀴를 돌리는 데 대부분 소모되었기 때문이다. 때로 일상적인 일들이 신앙의 영역에 비해 상당히 무의미한 것으로 비쳤을 것이다. 그러나 다니엘 이야기의 몇 지점을 읽어보면, 주인공은 세속적 책무 속에서도 더 높은 가치를 보고 있었고 더 큰 하나님의 계획을 이루는 데 자신이 일익을 담당함을 인식했음을 알 수 있다. 그는 일견 단조롭고 의미 없어 보이는 부문까지 포함하여 자기 삶에 임하는 하나님의 은총을 경험했다. 그 모든 것 가운데서 하나님이 자기를 위해 예정하신 통로를 발견했던 것이다.

하나님의 은총을 아는 것

이야기의 초반부에서 다니엘과 세 친구는 비범한 능력을 보여주는데, 그것은 하나님이 주신 재능으로 밝혀진다. 그들의 지적인 능력은 하나님의 은총의 징표였다.[10]

나중에 다니엘이 어려운 상황에서 느부갓네살의 꿈을 해석하게 되었을 때, 해몽의 기술이 어디서 오는 것인지를 명명백백하게 밝히고 있다. 그의 진술에는 모호한 면이 전혀 없다.

은밀한 것은 지혜자나 술객이나 박수나 점쟁이가 능히 왕
께 보일 수 없으되, 오직 은밀한 것을 나타내실 이는 하늘
에 계신 하나님이시라.[11]

다니엘은 자기 재능이 어디서 오는지를 잊은 적이 없었다.

> 우리의 업무 기술과 능력은 하나님으로부터 오는 선물이다.

우리도 자신의 업무 기술과 능력이 하나님으로부터 오는 선물이요 은총의 징표임을 유념하는 것이 좋다. 다니엘은 일과 재물의 문제와 관련하여 겸손한 마음을 가질 것을 요구하는 모세의 율법을 유념하고 있었다.

네가 마음에 이르기를, "내 능력과 내 손의 힘으로 내가 이
재물을 얻었다" 말할 것이라. 네 하나님 여호와를 기억하
라. 그가 네게 재물 얻을 능력을 주셨음이라….[12]

우리가 하나님의 은총을 의식하며 사는 법을 배우면 일상을 대하는 태도가 바뀔 수 있다. 우리의 재능, 일하는 능력, 돈 버는 기술 등이 하나님 덕분임을 의식하면, 일터에서 예배하는 일이 가능해지고 하루 일과를 새로운 눈으로 볼 수 있게 된다.

하나님의 통로를 찾는 것

우리는 우리의 태도에 따라 어떤 것을 좋아하거나 싫어하게 된다는 것을 알고 있다. 어떤 일에 대해 처음부터 부정적인 태도로 출발하면 시종일관 그렇게 생각하기 마련이다.

평생 외국의 왕궁에서 살아야하는 종신형을 받았을 때 다니엘이 어떠했을지 그의 처지를 상상해보라. 아무리 주변 환경이 안락하고 지위가 높을지라도, 그곳은 자의로 선택한 자리는 아니었을 것이다. 하지만 다니엘의 이야기가 보여주듯, 그는 일련의 결정을 내리면서 처한 상황에 대한 나름의 태도를 정립했다. 그 결과 자기 인생을 위해 마련된 하나님의 통로를 발견했던 것이다.

일에 대한 만족 혹은 불만족의 핵심에는 우리의 태도가 놓여 있다. 이미 널리 알려진 다음 일화는 이 진리를 잘 보여준다.

하나님은 월요일에 무슨 일을 하실까?

3. 내 일이 너무 싫은 걸 어떡해!

빌 클린턴 대통령이 넬슨 만델라를 처음 만났을 때 기억에 남을 만한 대화를 나누었다. 클린턴은 다음과 같은 예리한 질문을 던졌다. "만델라 씨, 당신이 감옥에서 풀려날 때 나는 새벽 3시에 내 딸을 깨웠습니다. 이 역사적인 사건을 보게 하기 위해서였지요. 당신이 독방에서 나와 마당을 가로질러 감옥 문을 향해 걷는 동안 카메라는 줄곧 당신 얼굴에 초점을 맞추었습니다. 당시 당신 얼굴에 나타났던 그런 분노와 증오는 내 평생 누구에게서도 본 적이 없는 것이었습니다. 그 모습은 지금 내가 보고 있는 넬슨 만델라가 아니었습니다. 그런 표정은 무엇을 의미했던 것인가요?"

만델라는 이렇게 응답했다. "당신이 그것을 보았다니 참 놀랍습니다. 카메라가 나의 분노를 포착했다니 매우 유감스럽군요. 그날 안마당을 가로지르면서 나 자신에게 이런 말을 했습니다. '그들이 네게서 중요한 것은 모조리 빼앗아갔어. 너의 대의는 죽어버렸고 너의 가족은 떠났고 친구들은 죽음을 당했어. 이제야 그들은 너를 풀어주지만 남은 것은 아무것도 없잖아.' 그리고는 그들이 내게서 빼앗은 것 때문에 그들을 증오했지요. 하지만 바로 그 순간 내면에서 이런 소리가 들려왔습니다. '넬슨! 비록 27년 동안 그들의 죄수였지만 너는 언제나 자유인이었어! 그러니 그들이 너를 자유인으로 만들고 나서 또다시 그들의 죄수로 삼도록 허용해서는 안 돼!'"

만델라는 선택권이 자신의 손에 있다는 것을 알았고, 그의 매력적인 미소와 쾌활한 정신이 보여주듯 바른 선택을 내렸다.

우리도 일의 세계에 대해 어떻게 느낄지 스스로 선택할 수 있다. 다른 누군가가 되었으면, 다른 어딘가에 있었으면 하는 막연한 바람으로 인생을 낭비할 수도 있고, 다니엘처럼 우리가 있는 그곳에서 하나님을 발견할 수도 있다.

Key point

하나님의 은총을 알고 그분의 통로를 찾는 일을 삶의 추진력으로 삼아야 한다.

더 생각할 문제

[1] 당신이 직장에서(혹은 하는 일과 관련하여) 겪는 어려움은 무엇인가? 그것을 구체적인 기도 제목으로 표현해보라.

[2] 다니엘의 삶으로부터 지금 이 순간 당신에게 가장 적용할 만한 교훈을 끌어낸다면 어떤 것을 들 수 있겠는가?

[3] 현재 당신은 하나님을 향해 어떤 마음가짐과 습관을 갖고 있는가? 어떻게 하면 모든 유혹과 도전을 물리치고 그 둘을 더 잘 지킬 수 있겠는가?

4. 자전거에 올라타라

때로는 어떤 말이 스스로 날개를 달고 멀리 뻗어나가기도 한다. 영국의 첫 여성 수상 마거릿 대처의 가까운 동지였던 노만 테비트는 복지 국가에 대한 지나친 의존에 관해 유명한 발언을 한 적이 있었다. 그는 경기 침체기에 직장에서 해고 당한 자기 아버지를 예로 들었다. 테비트는 아버지가 가만히 앉은 채 사람들이 몰려와서 도와주길 기다리지 않고, 일자리를 구하러 자전거에 올라탔다고 강력한 말투로 지적했던 것이다. 그러자 갑자기 "자전거에 올라타라!"는 어구가 헤드라인을 장식했고 누구나 금방 알아채는 유행어가 되었다. 때로는 뜨거운 논쟁에서도 사용되는 관용구가 되기에 이르렀다. 그 발언이 정치적으로 어떤 의미를 갖고 있든 간에, 우리는 스스로를 도울 수 있는 자는 그렇게 할 필요가 있다는 데 동의한다.

좀 이상하게 보일지는 몰라도, 신약성경에는 게으름이 일종의 예술이 되어버린 개척 교회가 하나 등장한다. 바로 데살로니가에 있는 교회다. 당시 데살로니가 교인들에게 편지를 쓴 사도 바울이 "자전거에 올라타라!"는 표현을 썼을 가능성은 거의 없지만, 그의 메시지는 사실 그것과 다르지 않다.

게으름이 우리에게 좋지 않다는 것은 의심의 여지가 없는 사실이다. 그동안 나는 여러 교회에서 목회자로서 섬길 수 있는 특권을 누려왔는데, 직접 관찰한 바에 의거하여 그리스도인은 먹을 양식을 위해 일할 필요가 있다는 바울의 주장에 선뜻 동의하게 된다. 어떤 신자들은 할 일이 충분하지 않아서 시간 낭비와 다름없는 것으로 여가를 때우고 있다. 이런 면에서 21세기와 1세기 사이에 분명한 유사점이 있다고 하겠다.

데살로니가

1세기 당시 데살로니가는 그 지방의 수도이자 에게 해의 가장 훌륭한 천연 항구로서 무역을 하기에 안성맞춤이었기 때문에 많은 방문객을 끌어들였다. 그 도시는 다문화 사회이자 다종교 사회였다. 경제적 산업이 번창하면서 여러 길드가 조직되었고, 각 길드는 우상 숭배에 관련된 만찬과 잔치에 필요한 것들을 공급하고 있었다. 그래서 바울이 이 도시의 전략적 중요성을 간파하고 거기에 교회를 개척한 것은 놀랄 일

이 아니다.[1]

　사도는 복음 전파로 인해 폭동이 일어나는 바람에 그곳에 오래 머물지는 못했지만 기독교 개종자 그룹을 남겨놓을 수 있었다. 대부분 미숙하고 어린 제자들로 구성된 초신자 그룹의 안부가 염려되었던 바울은, 나중에 동료 디모데를 거기로 보냈다. 과연 디모데는 기쁜 소식을 갖고 돌아왔다.[2] 이에 바울은 데살로니가의 친구들에게 믿음을 흔들 수도 있었던 많은 압박을 받았으나 변치 않고 믿음 안에 굳게 선 것을 칭찬하는 격려의 편지를 보냈다. 그리고 몇 달 뒤에 두 번째 편지를 보내는데, 이는 여러 면에서 첫 번째 편지와 유사하지만 몇 가지 목회적 이슈를 새롭게 포함하는 글이었다. 그리고 이 이슈들 가운데 하나가 일부 교인들이 갖고 있는, 일에 대한 잘못된 태도와 관련돼 있었다.

목회적인 문제

무언가 새로운 것을 시작할 때는 실수하기가 쉽다. 데살로니가에 있던 일부 교인들은 그저 일하는 것을 싫어했다. 그래서 바울은 두 번째 편지에서 격한 말을 하지 않으면 안 되었다.

　형제들아, 우리 주 예수 그리스도의 이름으로 너희를 명하

노니, 게으르게 행하고 우리에게서 받은 전통대로 행하지
아니하는 모든 형제에게서 떠나라.³

여기서 이들은 일을 할 수 없었던 사람들이 아니라 일을 하지 않으려는 사람들이었음을 주목할 필요가 있다. 문제의 근원은 건강의 문제나 특수한 상황이 아니었다. 단순히 그들은 일하기를 원치 않았던 것이다.

바울은 앞서 보낸 편지에서도 이미 이 문제를 부각시킨 적이 있었다.

그리고 여러분에게 명령한 대로, 조용하게 살기를 힘쓰고 자기 일에 전념하고 자기 손으로 일을 하십시오. 그래서 여러분은 바깥 사람들을 대하여 품위가 있게 살아가야 하고, 또 아무에게도 신세를 지는 일이 없게 해야 할 것입니다.⁴

어떤 주장에 따르면, 당시만 하더라도 새로운 신자들은 교회가 세워지는 곳마다 널리 행해지던 친교 식사를 즐겼다고 한다. 이 "아가페" 식사는 떡과 포도주를 중심으로 한 성찬과 그리스도인들이 함께 음식을 나누는 공동의 식사를 통해 예수의 죽음과 부활을 경축하는 일이었다. 이는 가난한 지체들에게는 한 주간 최고의 식사일 수도 있었고, 교회가 가족적인 유대감과 배려를 표현하는 시간이기도 했다. 그런데 일부 교

인은 생활비를 벌려고 일하는 것을 포기하고 남의 대접과 관대함에 의존하기로 한 것 같다. 친교 식사는 공짜 점심을 제공했으므로 일부는 그런 식으로 사는 데 만족했던 것이다.

또 다른 요인은 바울이 두 편지 모두에서 다루고 있는 이슈인, 예수님의 재림을 둘러싼 이상한 생각이었다. 일부 교인들은 예수님이 다시 온다는 생각에 완전히 사로잡힌 나머지 먹고살기 위해 일하는 것에는 신경을 쓰지 않았다. 그들의 태도는 "모든 것이 끝날 것이라면 굳이 일할 필요가 있을까?" 하는 것이었다.

이처럼 일하기를 꺼리는 태도는, 당시 후견인 제도가 일반화되었던 데살로니가의 사회적 조건과 결부되어 있을지도 모른다는 주장도 있다.[5] 후견인들은 자기보다 사회적 지위가 한참 낮은 이들을 후원했다. 많은 사람들이 생활비를 벌기 위해 스스로 일을 하기보다, 후원자를 시중들고 그들에게 아첨하는 것을 주업으로 삼았다. 당시 사회 질서로 보면 후견인으로서 더 많은 피보호자를 거느릴수록 그만큼 더 지위가 높아졌음을 의미했던 것이다. 이 견해를 취하는 이들은 바울이 그러한 비생산적인 생활방식에 빠진 사람들에게 도전하고, 하찮은 일에나 참견하는 인간이 되지 말도록 경고하고 있다고 본다.[6] 그들이 예수님을 믿기 전에는 후견인의 특권 아래 살기로 선택했을지 모르나, 그리스도 안에 사는 새로운

그리스도 안에 사는 새로운 삶은 새로운 생활 방식을 요구했다.

삶은 새로운 생활 방식을 요구했던 것이다.

목회적인 처방

목회적인 문제의 뿌리가 무엇이든 간에 바울은 그것을 <u>본보기</u>와 <u>가르침</u>, <u>징계</u>라는 세 가지 방법으로 처리한다.

본보기

바울은 짧은 기간이지만 자기가 그들과 함께 있을 때 어떻게 행했는지를 상기시켰다. 사도와 그의 팀은 데살로니가 신자들의 신세를 지지 않고 자기네 경비를 스스로 벌어서 지불했다. 바울은 천막을 만드는 사람인지라 어디로 가든지 일거리를 찾곤 했으며, 그와 그의 팀은 한결같이 예수님에 관한 좋은 소식을 값없이 전하기로 결심했던 터였다.[7] 그런데 이 원칙의 배후에는 중요한 취지가 있었다.

> 우리는 여러분 가운데서 무절제한 생활을 한 일이 없습니다. 우리는 아무에게서도 양식을 거저 얻어먹은 일이 없고, 도리어 여러분 가운데서 어느 누구에게도 짐이 되지 않으려고 수고하고 고생하면서, 밤낮으로 일하였습니다. 그것은 우리가 여러분에게 본을 보여서, 여러분이 우리를 본받

게 하려는 것입니다.[8]

본보기는 언제나 최고의 선생이다. 바울과 그의 팀은 기독교 신앙이란 남에게 베푸는 삶이지 짐이 되는 삶이 아님을 몸소 증명했던 것이다.

가르침

바울은 데살로니가 신자들을 위해 분명한 지침을 정했고, 새로운 제자들을 위한 양육 과정에서 가르친 교훈 하나를 상기시켰다.

> 우리가 너희와 함께 있을 때에도 너희에게 명하기를, "누구든지 일하기 싫어하거든 먹지도 말게 하라" 하였더니.[9]

사도는 일의 신학이라고 부를 만한 가르침을 주고 있다. 1세기에는 복지 국가라는 것이 없었다. 그래서 당신이 아프거나 일할 수 없으면, 가족이나 가까운 친구들에게 의지할 수밖에 없었다. 최초의 기독교 공동체들은 가족의 개념을 넓혀서 연약한 지체들을 돌보기 시작했다. 그런 문화에서는 다른 교인의 친절과 대접에 의존하여 생활하는 것이 비교적 쉬웠던 것이다. 아가페 식사에서 받기만 하고 주지는 않는 이들이 생겨날 수도 있었다. 바울은 바로 이 점을 부각시키고 있다. 사도에 따르면 어떤 사람이 일을 해서 공동체의 유익에 기여하기를 거부한다면, 공동의 식사에도 참여하지 말아야 한다.

한 설교자가 감동적으로 표현했듯 "설교단에 안개가 자욱하면 교인석에도 안개가 끼기 마련이다." 달리 말해, 가르치는 자들이 본인의 믿는 바를 분명히 하지 않으면 청중들에게 해로운 영향을 미친다는 뜻이다.

바울이 데살로니가 교인에게 준 가르침에는 안개처럼 흐릿한 구석은 하나도 없었다. 게으름은 진지한 제자들이 선택할 것이 못 되었다.

> 게으름은 진지한 제자들이 선택할 것이 못 되었다.

징계

사람들이 당신의 가르침을 듣지 않을 때는 어떻게 하는가? 바울이 데살로니가 교인들에게 두 번째 편지를 쓸 때가 바로 그런 상황이었다. 교인 중 일부가 게으름을 우상처럼 받들었고 일하기 싫은 것을 합리화하려고 초(超)영적인 변명거리를 꾸며낸 것 같다. 정상적으로 바쁜 게 아니라 남의 일을 참견하느라고 바빴다. 그래서 바울은 이렇게 경고한다.

> 이런 자들에게 우리가 명하고 주 예수 그리스도 안에서 권하기를, 조용히 일하여 자기 양식을 먹으라 하노니.[10]

그는 이 말이 일부 교인에게는 힘든 명령일 것으로 예상하고 확고한 지침을 덧붙이고 있다.

> 누가 이 편지에 한 우리 말을 순종하지 아니하거든, 그 사람을 지목하여 사귀지 말고 그로 하여금 부끄럽게 하라. 그러나 원수와 같이 생각하지 말고 형제 같이 권면하라.[11]

여기서 파악해야 하는 요점은, 바울은 출교가 아닌 징계에 관해 언급하고 있다는 사실이다. 어쨌든 사도는 이 사안이 데살로니가 교회의 심각한 쟁점임을 분명히 알고 있었고, 다른 곳에서도 문제가 되었던 것으로 보인다.[12]

우리가 배울 인생의 교훈

이런 이야기가 있다. 어느 날 아침 한 사람이 다른 직원들보다 훨씬 빨리 사무실에 도착했다. 전화가 와서 수화기를 들었더니 상대방이 기술 부서에 있는 직원과 통화하고 싶다고 했다. 그래서 그 직원은 "지금 여기에는 아무도 없습니다. 직원들이 출근하기 전에 전화하셨군요. 하지만 제가 여기 있으니 문의할 것이 있으면 최선을 다해 도와드리겠습니다. 문의할 게 무엇이죠?"하고 응답했다.

잠시 침묵이 흐르더니 상대방이 "당신의 직무는 무엇입

니까?" 하고 물었다.

이 사람은 "사실 저는 매니저입니다" 하고 답변했다.

그러자 상대방은 이렇게 말하는 것이었다. "그렇다면 나중에 다시 전화하지요. 나는 자기가 무슨 말을 하고 있는지 아는 사람과 얘기하고 싶습니다."

시중에는 경영, 리더십, 최고의 사업 수완 등에 관한 책이 많이 나와 있다. 물론 거기에도 우리의 직무 개선을 도울 귀중한 통찰력이 담겨 있을 것이다. 하지만 성경은 아주 특별한 방식으로 지혜를 담은 보고와 같다. 성경은 자기가 무슨 말을 하고 있는지 스스로 아는 책이다.

바울이 데살로니가에서 겪은 목회적인 딜레마는, 우리에게 생산적인 삶을 살고 게으름의 덫에 걸리지 않는 법에 관해 통찰력을 제공한다. 그 가운데 세 가지를 살펴보자.

첫째 교훈: 하나님은 우리가 게으르지 않고 쓸모 있는 사람이 되기를 원한다

우리는 인생을 선물로 받은 사람들이다. 시간은 하나님이 주신 귀중한 선물이다.

> 시간은 하나님이 주신 귀중한 선물이다.

하루 24시간, 한 주 168시간, 한 해 8,736시간. 우리 각자에게 허락된 시간의 양은 동일하다. 하나님의 선물인 시간을 우리는 어떻게 활용하고 있는가?

모든 면에서 생산적으로 살고 있다고 느끼는 사람들도

있겠지만, 현대 사회에는 게으름을 부추기는 두 가지 유혹거리가 있음을 지적하고 싶다.

첫째는 텔레비전이다. 현대인의 거실 중앙에 놓인 이 애꾸눈 신 앞에 앉아, 거기에 푹 빠져 보내는 시간이 얼마나 되는가? 최근에 누군가와 얘기를 나누다가 그 주간에 방영된 한 텔레비전 프로그램을 언급한 적이 있다. 그 사람은 텔레비전이 없다고 했다. 왜 없냐고 물었더니 "일부러 사지 않았다"고 답했다. "나는 천성적으로 시간을 낭비하기 쉬운 사람입니다. 그리고 텔레비전보다 시간을 더 많이 잡아먹는 것이 없음을 알기에, 아예 집에 그것을 들이지 않는 게 낫다고 결정했습니다." 나는 그의 결정에 박수를 보낸다.

둘째, 개인적인 취미 생활은 어떤가? 물론 스트레스를 풀거나 여러 기술을 개발하는 수단으로서 취미 생활은 중요한 역할을 할 수 있다. 하나님은 우리가 균형 잡힌 생활을 하길 원하며 개인적인 취미 또한 좋고 건전한 것일 수 있다. 하지만 취미가 우리 시간을 지배하기 시작하면 우리로 하여금 정말 중요한 것을 하지 못하게 만들 소지가 있다. 그러니까 최선의 투자가 아닌 활동을 하느라 너무 많은 시간을 낭비함으로써 게으르게 될 가능성도 있는 것이다. 구약성경에는 이런 말씀이 있다.

하나님을 두려워하는 사람은 극단을 피한다.[13]

일 중독은 한쪽 극단이고 게으름은 다른 쪽 극단이며, 취미 생활에 지나치게 몰두할 경우에도 똑같은 함정에 빠질 수 있다. 균형은 중용의 길인즉 이를 목표로 삼는 것이 바람직하다.

이에 대해 크리슈 칸디아는 다음과 같이 말했다.

한참 전에 나는 텔레비전 시청이 하루에 4시간이라는 많은 시간을 잡아먹는다는 사실을 알게 되었다. 근본적인 조치가 필요했다. 때때로 내 스케줄을 점검해보면 여러 날 저녁을 연달아 야근할 때가 있다는 사실도 알게 된다. 여기에도 근본적인 조치가 필요하다. 때로는 교회 활동이 깨어 있는 시간을 전부 잡아먹기도 한다. 이 또한 근본적인 조치가 필요하다. 일과 삶의 균형은 전문적인 유행어 이상의 것이다. 그것은 사탄이 가장 잘 이용하는 두 함정, 즉 게으름 혹은 일을 우상화하는 것 사이에 있는 칼날 위를 걷는 일이다.[14]

둘째 교훈: 선을 행하다가 낙심하지 말라.
바울은 데살로니가에 있는 친구들에게 이렇게 격려했다.

형제들아, 너희는 선을 행하다가 낙심하지 말라.[15]

우리는 주류 문화와 그 취향에 너무 쉽게 물드는 존재다. 특히 여가의 영역에서 더욱 그러하다. 불과 몇십 년 전만 해도 여가가 이토록 큰 산업이 될 줄을 누가 알았는가? 오늘날 여가 산업은 서양 사회 전체에서 셀 수 없는 일자리를 창출하는 엄청난 돈벌이가 되었다.

그런데 삶의 모든 요소가 그렇듯 이 분야도 지나칠 경우에는 피해를 끼칠 소지가 있다. 그래서 너무 많이 먹고 마실 때 따르는 위험을 경고하는 소리가 자주 들리는 것이다. 여가 생활도 지나치게 몰입하면 위험하기는 마찬가지다.

"선을 행하다가 낙심하지 말라"는 말씀이, 오늘 우리에게는 여가 시간의 사용법에 대해 달리 생각해보라는 권고일 수도 있다. 우리는 우리 부모와 조부모 세대가 상상하기 힘들 정도로 많은 자유 시간을 누리고 있다. 정기 휴가와 주말, 값싼 비행기 표와 특별 휴가 등 "모든 일에서 벗어날" 수 있는 기회가 끝없이 이어지는 것 같다. 하지만 균형을 맞출 필요가 있다. 잠시 나와 같은 목사의 입장에 서보라. 지역교회는 시간제 교인들에게 의존해서는 운영할 수 없는 법이다. 동일한 교인들이 여러 주간 연이어 모이지 않으면 공동체를 세우는 일은 불가능하다. 나도 여러분의 처지에 있어본 적이 있다. 하지만 우리가 정기적으로 모이지 않는다면 우리 모임은 교회가 아니라, 정체감이나 사명 의식이 별로 없는 일종의 종교 클럽이 되고 말 것이다.

어떻게 하면 여가 시간을 좀더 유용하게 사용할 수 있을까? 우리만을 위한 시간이 아니라 남을 위한 시간으로 활용하면 어떨까? 여가 시간을, 문자 그대로 섬기는 시간으로 변모시키면 우리의 인생까지 바뀔 수 있다. 내가 개인적으로 알고 있는 몇 사람을 본보기로 들어보겠다.

산드라는 매해 여름마다 두 주간씩 휴가객이 머무는 호텔에서 중증 장애인을 돌보는 간병인으로 봉사하고 있다. 이 봉사는 산드라에게 한 해의 하이라이트가 되었고 새로운 친구들을 만날 수 있는 좋은 기회를 주기도 했다. 단순히 시간을 때우기 위해서가 아니라, 주어진 휴가를 남을 위해 사용하고 싶은 생각에 시작한 일이었다. 장애인과 함께 일해본 적이 전혀 없기 때문에 처음에는 좀 두려웠다고 고백한다.

그러나 일단 시작한 뒤에는 이 특별한 체험이 인격적인 성장의 계기가 되었다.

다른 예를 들어보자. 내가 아는 한 가족은 여러 해 동안 크리스마스가 되면, 집에 홀로 있는 사람들을 초대해 음식을 대접하고 함께 게임을 즐기는 일을 도모해왔다. 여가 시간을 이런 식으로 사용함으로써 수백 명에게 맛있는 요리와 기쁨을 선사해왔던 것이다.

내 친구 리즈와 루스는 각각 다른 시기에 우리 아이들을 돌보는 보모가 되겠다고 자청했다. 덕분에 우리 부부는 이삼 일 동안 바쁜 교회 생활에서 벗어날 수 있는 기회를 얻었다.

이 밖에도 교회에서 그룹을 만들어 타국에 가서 봉사 프로젝트를 수행하는 경우도 있다. 내가 이 장을 쓰는 순간에도, 지난 몇 달 동안 세계 여러 곳에서 건축 및 건물 개조 프로젝트를 추진했던 몇몇 그룹이 생각난다. 이런 단기 봉사 프로젝트는 섬김을 받는 이들만큼이나 섬기는 자들에게도 굉장히 유익한 일이다.

우리가 눈을 열면 주변에는 본보기와 기회가 얼마든지 널려 있다.

셋째 교훈: 본보기의 위력

바울은 절제하고 열심히 일하는 자신의 모습을 예수님의 제자가 좇을 본보기로 제시할 수 있었다. 그는 유명한 랍비 가

말리엘 아래서 공부했기 때문에 개인적인 본보기의 위력을 알고 있었다. 랍비들은 학생들을 자기 발치에 앉혀놓고 가르쳤으며, 그들의 신학과 영성 교육은 무미건조한 강의를 뛰어넘는 것이었다. 랍비들은 학생들과 함께 살며 인격적인 교류를 나누었다.

이런 배경이 있었기에 바울은 그토록 본보기를 강조한 것이다. 우리가 몸담은 문화에서도 멘토링과 코칭은 일부 영역에서 표준적인 관행이 되었다. 우리에게는 언제나 더 배울 바가 있고, 더 연마하고 개발할 기술이 있다는 생각은 결코 낯선 것이 아니다.

내가 주장하고 싶은 것은, 본보기를 통해 배우는 일이야말로 교회 내에서 적극적으로 활용해야 할 자원이라는 점이다. 우리는 균형 잡힌 삶을 사는 이들에게 얼마나 자주 그들의 경험을 얘기해달라고 부탁하는가? 나는 종종 하룻저녁 성경 공부 대신으로 인생살이에 관한 주제—십대를 다루는 법, 가정을 다스리는 법, 그리스도인 기업가의 삶, 혹은 일을 좀 줄여 규칙적인 독서 시간을 내거나 가정을 돌보기 위해 시간을 확보하는 법 등등—를 다루면 어떨까 생각하곤 한다.

우리는 본보기의 위력을 다시 배우고 이로써 차세대 그리스도인들이 우리보다 더 나아지도록 격려할 필요가 있다.

> **Key point**
> - 하나님은 우리가 게으르지 않고 쓸모 있는 사람이 되기를 원한다.
> - 우리는 선을 행하다가 낙심해서는 안 된다(이는 여가 시간을 잘 활용함을 뜻한다).
> - 우리는 본보기의 위력을 유념하고 그럼으로써 차세대를 격려할 필요가 있다.

변화를 도모하는 것

엠마는 무척 바쁜 사무실에서 일한다. 얼마 전부터 일터에서 어떻게 신앙인임을 나타낼 수 있을지에 대해 진지하게 기도하기 시작했다.

그녀는 의외의 기도 응답을 받았다.

어느 금요일 저녁 보고서를 끝내느라 늦게까지 일하던 중, 전등을 끄다가 다용도실에 어지럽게 널려 있는 더러운 컵과 접시들을 보았다. 그걸 보니 계약직 청소부들이 주말에 대충 쓰레기만 치우고 식기류는 씻지 않겠다고 선언했던 일이 떠올랐다.

그 순간 엠마는 자신의 기도가 응답되었음을 깨달았다.

요즘 엠마는 근무가 끝난 뒤에 남아서 설거지를 하고 신선한 꽃을 꽃병에 꽂아놓곤 한다. 하나님의 은혜로 그녀는 사무실에 변화를 도모하고 있는 중이다.

더 생각할 문제

[1] 당신은 게으름의 문제와 씨름하고 있는가? 어떻게 그 유혹을 극복할 수 있겠는가?

[2] "선을 행하다가 낙심하지 말라." 당신은 현재 어떤 선행을 하고 있는가? 혹은 어떤 선행을 시작하려고 마음먹었는가?

[3] 당신도 본보기의 위력이 최고의 선생이라고 생각하는가? 당신에게 훌륭한 본보기를 보인 사람은 누구였는가? 구체적으로 그의 어떤 면이 당신에게 감동을 주었는가?

5. 바람 속에서도 꿋꿋이 타오르는 촛불처럼

이 책의 집필을 준비하면서 나는 일부 회사의 사명 선언문을 조사해야겠다고 결심했다. 그런 큰 조직들이 무엇을 향해 나아가는지 알고 싶었다. 여기에 몇 가지 예가 있다.

> 우리는 높은 기준을 설정하고 그에 따라 평가받기를 기대해야 한다. 우리가 수행하는 모든 일은 진정성을 목표로 삼는다.

> 우리는 투자 정보 서비스 기관으로서, 첫 번째 우선순위를 진정성에 둔다.

> 진정성은 결코 타협될 수 없다. 범세계적인 우리 회사의 직무 수행은 사회적인 책임, 진정성으로 인해 받는 존경, 사회에 대한 긍정적 기여를 그 특징으로 삼아야 한다.

우리는 어느 때를 막론하고 진정성과 공평성을 지키기로 다짐한다.

모든 직원은 전체 비즈니스 관계에서 진정성을 절대 기준으로 삼음으로써 회사의 평판을 유지하고 증진하도록 노력해야 한다.

우리 회사는 모든 면에서 정직성과 진정성을 지키기로 고집한다.

우리는 진정성을 타협하지 않으면서 비즈니스를 수행한다.

진정성이 있는 회사라는 우리의 평판이 회사와 고객 간의 상호 신뢰를 받쳐주는 토대다.

대리인과 자문을 선정할 때 최고의 진정성을 가진 사람을 뽑도록 주의를 기울여야 한다.

당신은 이 사명 선언문들의 공통분모를 금방 알아차렸을 것이다. 바로 "진정성"(integrity)이다. 우리는 이 단어를 정직성과 진실함의 맥락에서 사용하지만, 거기에는 온전함이나 통합성이란 개념도 담겨 있다. 이는 감춰진 구석이나 은폐된

부분이 없이 완전히 하나로 통합된 상태를 일컫는다. 성경에서는 거룩함이 온전함의 개념을 수반하는 만큼, 진정성은 아주 성경적인 개념이라고 할 수 있다. 그런즉 위 인용문들로 되돌아가서 "진정성"을 "거룩함"으로 바꿔보라. 그러면 갑자기 신약성경이 월요일 아침의 분위기를 띠게 될 것이다. 회사는 그 사업의 중심에 진정성을 두기를 원하고, 예수님의 제자들은 그 삶의 중심에 진정성을 두도록 부름 받았다. 따라서 그리스도를 제대로 따르는 자들이라면 모든 회사에서 고용하고 싶어할 것이다.

그런데 현실은 과연 그런가?

우리가 직면하는 가장 큰 도전 중 하나는 그리스도인으로서 일관성 있게 사는 일이다.

우리가 직면하는 가장 큰 도전의 하나는 그리스도인으로서 일관성 있게 사는 일이다. 그리고 일터는 바로 그 싸움이 치러지는 주요 현장 중 하나다.

때로 우리는 궁지에 몰려 어떻게 해야 할지 모르겠다고 느끼는 경우가 있다. 일관성 있게 살고는 싶지만 얼간이 같은 인상은 주고 싶지 않은 것이다. 그리스도인으로서 일터에서 발언을 할 필요성은 느끼지만 너무 큰 소리를 내고 싶지는 않다. 우리가 스스로 가장 연약하다고 느끼는 순간은 마치 "바람에 날리는 촛불처럼" 느끼는 때라고 할 수 있다.

5. 바람 속에서도 꿋꿋이 타오르는 촛불처럼

> **Key point**
> 그리스도를 따르는 자에게 진정성은 일터를 포함한 삶의 모든 영역에서 추구할 목표다.

이 장에서는 일의 세계에서 중요한 세 가지 영역을 생각해보려고 한다.

- 성공
- 스트레스
- 힘

성경이 이 주제들에 대해 무엇을 말하는지 알기 위해, 구약성경에서 가장 놀라운 이야기로 꼽히는 요셉의 이야기를 살펴볼 것이다.

일터에서의 성공

요셉은 야곱의 열두 아들 중 하나였다. 그들은 아브라함의 혈통을 이어받은 자들로서 이스라엘 민족의 이야기에서 중요한 역할을 담당했다. 열두 아들은 이스라엘의 열두 지파의 족장들이 되었고, 그들의 이름은 유대인의 역사에 깊이 새겨져 있다.

요셉은 야곱의 생애의 중요한 시점에 끝에서 두 번째로 어린 아들로 태어났다. 요셉은 아버지가 애지중지하는 자녀였는데, 야곱은 그리 지혜롭지 못하게도 요셉에게만 화려한 옷을 입히는 등 각별하게 그를 대우했다.[1] 당시 문화에서는 보통 장남이 그런 대우를 받아야 했으므로 가족 안에서는 질투심이 일어나게 되었다.

한편 십대가 된 요셉은 자기가 꾼 꿈들에 대해 철없이 지껄이기 시작했다. 비록 그 꿈들이 세월이 흐른 뒤에는 정확한 것으로 입증될 것이지만, 그 꿈을 공개한 타이밍과 묘사 방식은 형들의 분노를 불러일으킬 뿐이었다. 이제 요셉은 형들의 미움을 받아 복수를 당할 지경까지 이르렀다.[2] 그러던 중 형들이 집에서 멀리 떨어진 곳에서 양 떼를 치는 동안 요셉이 그들을 방문하게 되었을 때, 이야기가 극적으로 선회하게 된다. 요셉에 대한 형들의 미움이 극에 달한 나머지 동생을 죽이기로 결정한 것이다. 그들은 요셉이 야생 동물에게 잡아먹혔다는 식으로 범죄를 은폐하기로 했다.

그러나 형제 중 맏이인 르우벤이 어린 동생을 위해 일어나서 "보라구, 그를 죽이지 말고 이 구덩이에 던져 넣자"고 제안했다. 이렇게 제안한 것은 시간을 벌어 요셉을 구출하기 위함이었는데, 르우벤에게는 형제들의 악한 의도에 정면으로 도전할 만한 용기는 없었기 때문이었다.

이처럼 형들에게 사로잡힌 요셉은 죽음을 면한 대신 지나가는 상인들에게 노예로 팔리는 신세가 되었다. 그들은 동생의 화려한 옷을 가져다가 찢고 동물의 피에 적셨다. 그러고는 아버지에게 돌아가서 피묻은 옷은 발견했으나 요셉은 찾지 못했다고 보고했다. 야곱은 이 끔찍한 소식을 듣고 가슴이 찢어져서 위로를 받는 것조차 거부했다.

요셉은 이집트에서 노예로 팔려가서 결국 바로의 친위대장인 보디발의 집에서 일하게 되었다.

> 여호와께서 요셉과 함께 하시므로 그가 형통한 자가 되어 그의 주인 애굽 사람의 집에 있으니, 그의 주인이 여호와께서 그와 함께 하심을 보며 또 여호와께서 그의 범사에 형통하게 하심을 보았더라. 요셉이 그의 주인에게 은혜를 입어 섬기매, 그가 요셉을 가정 총무로 삼고 자기의 소유를 다 그의 손에 위탁하니, 그가 요셉에게 자기의 집과 그의 모든 소유물을 주관하게 한 때부터 여호와께서 요셉을 위하여 그 애굽 사람의 집에 복을 내리시므로 여호와의 복이 그의 집과 밭에 있는 모든 소유에 미친지라. 주인이 그의 소유를 다 요셉의 손에 위탁하고 자기가 먹는 음식 외에는 간섭하지 아니하였더라.[3]

당신이 책임 있는 자리에 앉아보았다면 요셉의 임무가 만만치 않다는 사실을 알 것이다. 다른 사람들을 주관하는 자리에 앉으면, 시간뿐 아니라 그들의 문제와 기대까지 관리하는 데서 오는 많은 스트레스를 경험하게 된다. 이제 보디발이 외국인 노예인 요셉을 완전히 신뢰할 수 있다고 깨달은 순간에 경험했을 그 하늘의 손길을 상상해보라. 집안의 모든 일을 요셉에게 맡기면 완전히 안심이 되었기 때문에, 주인은 다른 일에 시간과 에너지를 투자할 수 있었다. 요셉이 외국인인 데다가 노예에 불과했을지 모르지만, 그는 비천한 신분을 뛰어넘는 그 무엇을 갖고 있었다.

이 이야기로부터 몇 가지 두드러진 점을 끌어낼 수 있다.

요셉은 거침없이 앞으로 나아갔다

요셉은 과거를 곱씹으며 복수심에 불타오르는 대신 거침없이 앞을 향해 나갔다. 가족을 생각할 때면 향수병과 배척당한 아픔이 가슴을 가득 채웠을 테지만 피해 의식에 사로잡혀 살기를 거부했다.

> 요셉은 피해 의식에 사로잡혀 살기를 거부했다.

부했다. 자기 연민에 빠져 하향 곡선을 긋는 인생을 탈피하고, 그 끔찍한 상황을 최대한 활용하기로 결심했다.

얼마 전에 한 여성을 만난 적이 있는데, 그녀는 자기의 이상 행동을 성장 배경 탓으로 돌리는 사람이었다. 40년 전에 일어난 일을 극복하지 못한 채 지금까지도 사람들에게

분에 넘치는 도움을 요구하고 있었다. 하지만 이는 자기 처지에 대한 설명이 아니라 변명에 가까웠다. 은혜는 우리로 하여금 과거에 묶이지 않고 계속 자라도록 돕는다.

요셉은 좋은 일꾼이었다

요셉은 어느 정도 기간에 걸쳐 보디발에게 자기 능력을 입증했다. 작은 일에 충성한 끝에 더 큰 책임을 맡게 되었다. 그는 짧은 시간에는 이룩할 수 없는, 신뢰할 만한 인물이라는 평판을 얻었다. 이와 같이 업적을 이룩하는 데는 상당한 시간과 일관성과 검증이 필요하다.

여기서 우리는 한 가지 프로젝트를 성공적으로 끝내는 것만으로는 충분치 않음을 깨닫게 된다. 우리 목표는 일관성 있고 믿을 만한 일꾼이 되는 것이다. 제시간에 출근하는 것, 근무 시간을 모두 채우는 것, 마감일에 맞춰 일을 끝내는 것, 정직함, 좋은 대인 관계 등과 같은 작은 일이 큰 평판을 만드는 법이다.

하나님이 요셉과 함께하셨다

하나님이 너무도 당신을 믿기 때문에 당신과 함께 있기로 하셨다는 것, 이보다 더 큰 칭찬은 없을 것이다. 역경에 직면하여 믿음을 버리고 싶은 유혹이 올 때마다 요셉은 그것을 모두 물리쳤다. 그는 다음의 약속이 진리임을 증명했다.

> 나를 존중히 여기는 자를 내가 존중히 여기고, 나를 멸시하는 자를 내가 경멸하리라.[4]

우리는 일터에서의 성공을 어떻게 측정하는가? 물론 직무 평가, 승진, 연봉 인상, 추천 등과 같이 우리에게 낯익은 것들도 있다. 하지만 요셉의 모델은 하나님이 성공을 어떻게 측정하시는지를 볼 수 있게 도와준다. 그리고 이런 깨달음은, 특히 우리가 다른 종류의 보상을 별로 받지 못할 때 큰 격려가 된다.

일로 인한 스트레스

일터에서 받는 스트레스에 관해서는 그동안 많은 연구 결과가 발표되었다. 한 조사는 매니저들에게, 일이 그들 삶의 나머지 부분에 어떤 영향을 미쳤는지를 물었다. 그 결과는 무척 심란한 편이다.

일이 삶에 미치는 영향[5]
매니저로 구성된 한 샘플 그룹은 이렇게 답변했다.

87% ― 취미 생활을 할 시간이 없다.

71% — 일이 건강을 해치고 있다.

86% — 일이 자녀들과의 관계에 영향을 준다.

79% — 일이 배우자와의 관계에 영향을 준다.

68% — 일의 부담이 나의 생산성을 줄인다.

미국/영국이 공동으로 실시한 어느 연구의 발표에 따르면, 영국인의 일에 대한 태도는 다음과 같다.

- 영국인 셋 중 하나는 자기의 직무를 좋아한다.
- 영국은 국제적인 직무 만족도 평가 조사에서 17위를 차지했다.
- 영국이 유럽 국가 전체에서 최하위를 기록했다.
- 주요 어려움으로 꼽힌 것은 장시간 근무, 출퇴근 문제, 직업상의 불안정이었다.
- 연구 조사는 지난 여러 해 동안 계속 하향 곡선을 긋는 추세라고 밝히고 있다.[6]

일터가 스트레스 무풍 지대라고 주장하는 사람은 아마 거의 없을 것이다. 영국의 경우 일과 관련된 스트레스 때문에 매년 병가로 사용되는 날이 6천만 건에 달하는 것으로 추정되고 있으며, 온갖 크고 작은 질병이 발생하는 것으로 조사되었다.

대다수의 사람이 성인이 된 후 일하는 데 사용하는 시간은 대략 25퍼센트쯤 된다. 일은 우리에게 생활 구조, 목적의식, 만족감, 자존감, 소비 능력 등을 제공해주지만 우리를 쇠약하게 만드는 원인이 될 수도 있다.[7]

요셉은 일터에서 한 가지 특별한 스트레스에 직면했다. 바로 성희롱이었다.[8]

보디발의 아내는 요셉에게 성적인 매력을 느껴 여러 차례 그를 유혹하여 침실로 끌어들이려고 했다. 성경에 따르면 요셉은 용모가 준수한 잘생긴 미남이었고, 보디발의 아내는 남편이 국가의 일에 몰두하는 바람에 외로운 처지였던 것 같다. 불륜 관계가 맺어지기에 안성맞춤인 조건이었던 것이다. 하지만 요셉은 세련된 회피 전술을 사용하여 유혹을 견제할 수 있었지만, 어느 날은 집에 둘만 있게 되는 상황에 빠지고 말았다. 여주인은 요셉의 겉옷을 붙잡고 동침을 하자고 애원했으나 요셉은 겉옷을 버리고 집에서 뛰쳐나갔다.

거부당해 앙심을 품은 여인은 남겨진 겉옷을 증거물로 삼아 강간 미수 이야기를 꾸며냈다. 보디발은 신뢰를 저버린 요셉에게 격분하여 재판도 없이 그를 감옥에 가두었다. 집행유예로 풀려날 가능성도 거의 없는 절망적인 상황이었다.

우리가 일터에서의 진정성이란 주제에 대해 생각할 때, 요셉의 고통스러운 경험은 몇 가지 중요한 원리를 떠올리게 한다.

요셉은 호르몬이 아닌 마음의 소리를 귀담아 들었다

우리가 몸담은 서구 사회는 욕망에 따라 사는 경향에 지배되고 있다. "기분이 내키는 대로 행하라!"는 1960년대의 슬로건이 지금은 통상적인 지혜가 되어버렸다. 그러나 욕망은 본래 탐욕스럽고 방종하며 위험천만한 길잡이다. 요셉은 스스로 하나님과 보스, 보스의 아내와 자기 자신에게 책임이 있다는 사실을 추론해냈다. 성경은 보디발의 아내가 아름다웠는지 혹은 요셉이 그녀에게 어떤 식으로든 매력을 느꼈는지 여부에 대해 말하지 않는다. 이런 이슈들은 이 이야기에 관한 피상적인 사안에 불과하다. 요셉은 침실에서 두어 시간 즐기는 것을 추구하기보다는 도덕적인 책임감을 중요하게 여겼다.

나는 이제까지 혼외정사에 빠진 남녀와 달갑잖은 대화를 나눈 경험이 많이 있다. 목사로서 그들이 깨진 관계를 수습하도록 돕는 일을 해왔다. 분명히 말하건대, 이는 실로 번잡스러운 작업이다. "나로서는 어쩔 수 없었어요", "상대방의 매력에 압도되어 어찌할 도리가 없었어요", "그냥 그런 일이 벌어졌어요"라는 식의 변명을 얼마나 많이 들었는지 모른다. 이런 온갖 변명의 공통점은, 우리가 우리 자신을 통제할 능력이 없음을 주장한다는 것이다. 이런 일은 마음의 소리가 아니라 호르몬의 소리에 귀를 기울일 때 일어나는 비극이다. 요셉은 하나님에 대한 거룩한 경외심을 품고 있었다.

우리도 진정한 지혜를 찾고 싶으면 그런 경외심을 길러야 할 것이다.⁹

요셉은 압박을 받아도 흔들리지 않았다

요셉의 이야기에는 우리가 그냥 지나치기 쉬운 구절이 하나 있다.

> 여인이 날마다 요셉에게 청하였으나 요셉이 듣지 아니하여 동침하지 아니할 뿐더러 함께 있지도 아니하니라.¹⁰

여기서 "날마다"가 얼마 동안 지속되었는지는 정확히 모르지만, 보디발의 아내는 상당한 기간에 걸쳐 유혹의 몸짓을 계속했던 것으로 보인다. 압박감을 강하게 느낀 요셉이 아예 그녀 근처에 있는 것조차 피할 정도였다. 때문에 틀림없이 집안 운영에 어느 정도 어려움이 따랐을 것이다(어쩌면 요셉이 신뢰할 만한 도우미가 있었을지도 모른다).

우리는 누구나 여러 가지 압박을 받으며 살고 있다.

우리는 누구나 여러 가지 압박을 받으며 살고 있는데, 그런 것을 잘 다루는 사람들도 있고 그렇지 못한 이들도 있다. 일을 할 때는 주변 문화에 순응하라는 압박이 강하게 닥치기 마련이므로, 우리는 경계선을 잘 긋고 안전밸브를 제자리에 둘 필요가 있다. 여기서 경계선이란 우리가 무엇은 하고 무엇은 하지 않을 것

인지에 관한 나름의 원칙을 뜻한다. 안전밸브란 압박이 증대할 때 수증기를 분출하는 방법을 의미한다. 당신이 어떻게 이런 장치를 설정해야 할지 잘 모르겠다면, 좋은 역할 모델로 생각되는 사람을 찾아가서 어떻게 사회적 압박과 더불어 살아가는지를 물어보라.

요셉은 언제 그만두어야 할지를 알고 있었다

저 유감스런 사태가 벌어지던 날, 요셉은 보디발의 아내와 홀로 집 안에 있었던 만큼 충분히 의심을 받을 만한 상황이었다. 그녀가 다가오자 요셉은 자기 앞에 열린 유일한 길을 따라 집 밖으로 뛰쳐나갔다. 우리의 경우에도 진정성을 지키기 위해 단호하게 "아니요"라고 말해야 할 때가 있다. 그리고 어떤 때는 우리의 믿음을 타협하기보다 차라리 직장을 잃을 것을 각오해야 한다.

얼마 전에 이 점을 잘 보여주는 이야기가 영국 언론에 보도된 적이 있다. 와이트 섬의 종묘원에서 일하던 두 명의 그리스도인이 영국 토마토 재배자 협회와 관련된 논란의 중심에 서게 되었다. 그 협회는 수확량과 품질을 크게 증대시킬 목적으로 옛 중국의 풍수지리설을 도입했고, 협회에 가입한 모든 종묘원에게 그것을 따르도록 권유했다. 이 두 일꾼은 경영진에게 가서 그런 "풍수지리"적 접근에 반대하도록 요청했으나 합의에 이르지 못했다. 그래서 두 그리스도인은 직장을 그만두었다. 그들은 자기 믿음을 타협하도록 요구받았다는 것과 이것이 문제의 핵심임을 분명히 밝혔다. 그 보도를 읽던 중 나를 깜짝 놀라게 한 것은 둘 중 한 사람의 발언이었다.

5. 바람 속에서도 꿋꿋이 타오르는 촛불처럼

> 나는 모순된 삶을 살 수 없었습니다. 하루는 주일학교에서 가르치고, 다음 날에는 무신론적 신조를 공공연하게 표방하는 회사를 위해 일하는 모순 말입니다. 나는 어떤 식으로든 그런 신조와 연루될 수 없었습니다. 이런 입장을 확실히 하지 않는다면 내가 그것을 승인하는 것으로 비칠 것입니다.[11]

이런 결정은 쉽게 혹은 성급하게 내려져서는 안 된다. 그러나 진정성이 위기에 처한다면 결정을 내릴 만한 충분한 가치가 있다. 누군가 말했듯이, "진정성은 처녀성과 같다. 일단 잃으면 되찾을 수 없다."

일터에서의 힘

이제 요셉은 감옥에 갇혔고 풀려날 전망은 거의 보이지 않는다. 그가 처한 상황은 그야말로 최악이었던 것이다. 그런데도 이 장면이 끝나는 대목은 놀랍게도 낙관적인 뉘앙스를 풍긴다.

> 요셉이 옥에 갇혔으나 여호와께서 요셉과 함께 하시고 그에게 인자를 더하사 간수장에게 은혜를 받게 하시매, 간수장이 옥중 죄수를 다 요셉의 손에 맡기므로 그 제반 사무를

요셉이 처리하고 간수장은 그의 손에 맡긴 것을 무엇이든지 살펴보지 아니하였으니, 이는 여호와께서 요셉과 함께 하심이라. 여호와께서 그를 범사에 형통하게 하셨더라.[12]

성품은 결국 드러나기 마련이다. 요셉의 이야기가 이 점을 분명히 보여주고 있다. 무명의 간수장은 보디발이 이미 간파했던 것을 파악하게 된다. 요셉은 리더십과 조직의 기술을 갖고 있었고 100퍼센트 믿을 만한 인물이었다. 주인공이 갇힌 감옥은 왕의 죄수들을 가두는 곳이라 다른 감옥과는 달랐다. 아마 축축한 지하 감옥보다는 좀 낫지 않았을까 추정된다. 하지만 이 이야기를 쓴 사람은 독자들에게, 요셉의 성공이 어디서 연유했는지에 대한 일말의 의문도 남기지 않는다. 그의 성공은 보기 드문 재능으로 인한 결과 이상의 것이었다. 바로 요셉이 하나님의 손길이 자기와 함께한다는 것을 알았기에 가능했던 일이었다. 사실 앞 문장을 요셉 이야기 전체의 부제로 삼아도 손색이 없을 것 같다. 팀 라이스와 앤드류 로이드-웨버의 뮤지컬 작품 「요셉과 총천연색 외투」에 빗대어 평한다면, 요셉의 놀라운 점은 그의 총천연색 외투가 아니라 그가 예배했던 하나님이라고 할 수 있겠다.

일터에서 발휘했던 요셉의 힘은 조상의 하나님과 맺은 관계에서 나왔다. 이 이야기는 놀라운 우여곡절을 거치며 진행되다가 마침내 주인공이 이집트의 총리가 되어 경제적인 흥망성쇠 기간에 나라를 운영한다는 대목에서 클라이맥스에 이르게 된다. 예전에 큰 집안을 운영하고 감옥을 관리하던 기술이 세월이 흘러 빛을 보게 된 것이다. 대개의 경우와는 다르게, 달콤한 성공의 향기조차 요셉을 변질시키지 못했으며, 그의 믿음은 최악의 상황에서 그랬듯 최고의 시점에서도 조금도 퇴색되지 않고 생생하게 빛났다.[13]

나무는 언제나 그 열매가 말해준다고 가르쳤던 예수님의 말씀처럼, 요셉의 생애를 잠깐만 들여다보아도 얼마나 풍성한 열매를 맺었는지를 알 수 있다.

- 압박 아래서도 흔들리지 않는 개인적인 진정성
- 자기에게 해를 입힌 자들까지 기꺼이 용서하는 마음
- 자기 연민에 빠지기를 거부하는 태도
- 나쁜 상황에 처할 때마다 그것을 최대한 활용하는 능력
- 남들에게도 확연히 보이는 훌륭한 성품
- 건전한 판단력과 지혜로운 말

시편 중에는 요셉의 고난을 가리키는 흥미로운 대목이 있는데, 이는 하나님이 그에게 영적인 훈련을 시키고 있었다는 실마리를 제공한다.

그의 발은 차꼬를 차고

그의 몸은 쇠사슬에 매였으니,
곧 여호와의 말씀이 응할 때까지라
그의 말씀이 그를 단련하였도다.[14]

요셉은 어린 시절에 하나님으로부터 인생의 최종 목적을 보여주는 꿈을 선사받았지만 당시 가족들은 그에게 절을 하고 경의를 표한다는 생각 자체를 터무니없게 여겼으며, 또 그로 인해 형들의 마음속에 그를 미워하는 분노가 생겼다. 그러나 하나님의 약속은 항상 신실하여 요셉을 단련한 뒤에 그분의 말씀이 성취된다. 요셉은 이 연단의 과정을 잘 통과했고, 하나님의 때가 되어 어릴 적 꿈이 성취되기에 이르렀다.[15]

일과 관련하여 요셉이 담당했던 다양한 역할은 이른바 "영적인" 것이 아니었으며, 그가 살았던 곳도 다니엘처럼 이방 나라였다. 그러나 그는 일상적인 책임을 수행하기 위해 하나님으로부터 힘을 얻었다. 우리도 요셉과 똑같은 힘을 공급받을 수 있다.

진정성은 빛나는 금맥과 같이 요셉의 생애를 가로질러 흘렀다. 그래서 데이비드 포슨은 다음과 같은 평가를 내린다.

> 요셉은 모욕을 받든 명예를 얻든 변질되지 않았다. 그는 구약성경에서 나온 사람들 중 유일하게 완전무결한 인물이다. 구약의 모든 인물은 강점과 함께 약점을 가진 사람들로

나오지만, 여기에 강점만 가진 한 인물이 있다. 성경에 그와 같은 사람은 요셉 이외에 단 한 명밖에 없다.[16]

우리는 이런 찬사에 주눅이 들 필요는 없으며, 오히려 격려를 받아 더욱 분발하는 게 바람직하다.

Key point

> 요셉 이야기는 우리에게 일터에서도 형통할 수 있고, 스트레스를 관리할 수 있으며, 힘을 공급받을 수 있다는 사실을 상기시켜준다.

탁월성을 추구하는 것

런던의 가장 유명한 유적지 중 하나는 피카디리 광장에 있는 에로스 동상이다. 그런데 사랑을 상징하는 이 동상이 어떤 이유로 런던 중심가에 세워졌는지를 아는 사람은 드물다. 이 작품은 제7대 샤프츠버리 백작이자 사회사업 분야에서 특별한 업적을 이룬 안소니 애슐리 쿠퍼(1801-1885)를 기념해서 건립한 동상이었다. 그는 목소리가 없는 사람들의 목소리이자 변두리 인생을 옹호한 인물로 유명하다. 또한 국회의원의 수완을 발휘하여 수많은 사람에게 혜택을 주는 대규모 사회 변혁을 도모했다. 지칠 줄 모르는 그리스도인이었던 쿠퍼는 예수님을 믿는 믿음을 일상 세계에서 구현하기를 원했다. 어린아이들과 여성들이 처한 끔찍한 노동 환경의 현실이, 그에게는 신앙과 직접적으로 연결된 문제였던 것이다. 또 사회의 밑바닥에 있는 이들에게 교육의 기회를 주는 일도 신앙의 문제였다. 안소니 애슐리 쿠퍼는 주일 아침에만 작동하는 신앙 이상의 것을 가진 신자였다. 그는 하나로 통합된 삶을 살고 싶었다.

당신이 다음에 피카디리 광장을 방문하면 에로스 동상 밑에 새겨진 글을 읽어보라. 그 글은 국민을 대표하여 고인에게 동상을 바친 영국의 수상 윌리엄 에와르트 글래드스턴이 작성한 것이다.

> 반세기에 걸친 공직 동안 그는 동료 인간들을 섬김으로써 자기 지위에 따른 영향력, 마음에 품은 강한 연민, 커다란 지성의 힘을 하나님을 영화롭게 하는 데 바친 인물이며, 그와 같은 계급의 본보기요, 이 민족에게는 축복이요, 감사하는 마음으로 영원히 기억해야 할 이름이다.

참으로 바람 속에서도 꿋꿋이 타오르는 촛불과 같은 본보기였다.

더 생각할 문제

[1] 당신의 일터나 최근 뉴스에서 한 개인의 진정성이 크게 두드러지거나 뻔뻔스러울 정도로 결여된 경우를 본 적이 있는가?

[2] 요셉의 이야기를 되돌아볼 때, 그의 성품 가운데 어떤 면이 당신에게 가장 크게 와 닿는가?

[3] 당신이 일터에서 진정성을 유지하기가 가장 어려운 영역은 무엇인가? 구체적으로 얘기해보라.

6. 내 나이 예순넷이 되어도

어떤 매니저가 있었는데 직원들이 갈수록 더 권위에 도전하는 것을 보고 누가 관리자인지를 확실히 강조하기로 결심했다. 그는 크고 밝은 표지판을 사서 자기 사무실 문에 걸어놓았다. 거기에는 화려한 장식체의 붉은 대문자로 두 단어가 적혀 있었다. 더 보스(the Boss).

매니저가 점심을 먹고 돌아와 보니 그 표지판에 작은 포스트잇이 붙어 있었다. "당신이 점심을 먹는 동안 부인께서 전화를 거셨습니다. 부인은 당신에게 자기 표지판을 돌려달라고 하는군요!"

우리가 이 책에서 이제껏 강조한 것은 그리스도인은 누가 "보스"인지를 분명히 알고 있다는 사실이다. 우리가 누구인지 혹은 무슨 일을 하는지는 중요하지 않다. 하는 일이 유급이든 아니든 상관이 없다. 만일 우리가 하나님의 자녀라면 제자가 된다는 것은 곧 예수님을 주님으로 인정함을 뜻한다.

이 장의 제목은 젊을 적 사랑이 노년이 될 때까지 평생 계속될 수 있을지를 묻는, 존 레논과 폴 매카트니가 부른 유명한 노래에서 빌려왔다. 이 노래는 "내 나이 예순넷이 되어도 당신은 여전히 나를 원할 건가요?"라고 묻는다.

노래의 메시지는 단순하다. 인생은 변하고 그와 함께 우리도 변한다는 것. 이는 특히 일의 세계에도 그대로 해당되는 메시지다.

이 장은 주로 은퇴에 관해 언급할 테지만 그보다 더 넓은 주제를 다루게 될 것이다. 즉 우리 모두가 직면하는 전환기에 어떻게 하나님을 찾을 수 있을까 하는 문제다. 직업을 바꾸거나 경력 자체를 변경하는 경우가 생길 수 있다. 혹은 한동안 떠났다가 다시 직업 전선으로 복귀하거나 시간제에서 정규직으로 이동할 수도 있다. 그런 전환기에 우리가 어떻게 믿음을 갖고 대처할 수 있을지 살펴볼 예정이다.

모든 일에는 때가 있다

게일의 인생은 변화의 연속이었다. 학교를 졸업한 뒤 공무원으로 일하다가 마침내 승진 시험에 합격해서 자기가 자란 북부 지방에서 멀리 떨어진 런던으로 발령을 받았다. 게일은 자기 나라의 수도에서 사는 것이 행복했고 일에 파묻혀 살았으며 새로운 친구도 많이 사귀었다. 아울러 새로운 신앙과 남편 마크도 만났다. 영국 남부로 이사한 지 5년 만에 그들은 결혼하여 직장에서 한 시간가량 걸리는 곳에 아파트를 장만했다.

마크가 다니던 회사에서 승진해서 봉급이 오르는 바람에 둘은 에섹스에 있는 자그마한 집을 하나 구입할 수 있게 되었다. 출퇴근 시간은 좀더 길어졌지만 보금자리로 가꿀 집을 사게 된 것이 무척 감사했다. 그 후 게일이 임신하게 되자 인생은 또 한 번 전환점을 맞이하게 된다. 둘의 첫 자녀 크리스는 그들에게 많은 기쁨을 선사했다.

그로부터 10년이란 세월이 흘렀다. 게일과 마크는 아이가 셋이고 이제 같은 도시에 있는 좀더 큰 집으로 이사한 상태다. 게일은 정규직으로 복귀하지 않았고 현재 동네의 성공회 교회에서 열심히 활동하고 있다. 일주일에 세 차례 오전 시간에만 교회 사무실에서 일하는데, 아이들을 학교에서 데려오는 시간과 잘 맞아서 만족스럽다. 마크도 직장을 바꾸어

지금은 유럽 전역에 지사를 둔 회사에서 일하는 바람에, 일주일에 이틀 내지 사흘은 출장을 다녀오곤 한다.

또다시 10년이 더 흘렀다. 게일은 정규직 구청 공무원으로 복귀한 상태다. 크리스는 대학에 다니고 있고 두 딸도 조만간 대학생이 될 것이다. 순전히 경제적인 이유 때문에라도 게일은 일을 하지 않으면 안 되는 처지임을 알고 있다. 자녀들에게 대학 교육을 시키려면 그만큼 더 벌어야 하기 때문이다. 정규직으로의 복귀는 게일에게 무척 버거운 일이었다. 우선 20년 세월 동안 너무나 많은 것이 바뀌어 도무지 자신이 없었다. 뿐만 아니라 여러 가지 역할을 동시에 하는 것도 힘들었다. 늘어난 살림살이에다가 청년기에 접어든 각각 수준이 다른 세 명의 자녀를 돌보는 일까지 겹친 것이다(갱년기에 닥치는 남성 호르몬의 분비로 인한 변화는 말할 필요도 없고).

게일과 마크는 지난 몇 년간 결혼 생활이 그리 원만하지 못했다. 휴가철을 제외하고는 둘만을 위한 시간을 갖는 것이 불가능했고, 생일이나 결혼 기념일을 지키는 빈도도 줄어들었다. 2년 전 큰 독일 회사가 마크의 회사를 합병하는 바람에 그의 자리가 위태롭게 되었다. 새로운 조직과 비즈니스 모델이 주는 압박이 엄청나서 부담감에 시달리며 전전긍긍하기에 이르렀다. 스트레스가 덜한 직장을 구하려고 몇 달에 걸쳐 구인 광고를 열심히 뒤졌지만 아무것도 건질 수 없었다.

설상가상으로 교회도 반쪽이 났다. 몇 년 전 분란이 일어나서 상당수의 젊은 교인들이 나가서 새로운 교회를 세웠던 것이다. 이로 인해 많은 상처와 비난을 주고받았다. 게일은 담임목사에 대한 충정에서 원래 교회에 그냥 남기로 했고, 이 사태는 하나의 과도기에 불과하다고 믿었다. 그러나 교회는 아직도 회복되지 않았고 당시의 담임목사는 분열 뒤 다른 교회로 떠났다. 새로 부임한 목사는 여자인데 마크는 그녀의 목회 방식이 전혀 마음에 들지 않는 데 비해, 게일은 상처받은 교인들을 어루만질 수 있는 재능이 많고 유능한 목사로 생각하고 있다. 그 결과 한때 안식처 같았던 교회가 지금은 긴장을 야기하는 곳으로 변했고, 마크와 게일의 관계도 그 영향권에서 벗어나지 못했다.

25년에 걸친 게일 워커의 삶을 순식간에 훑다 보니 그녀가 거쳐야 했던 수많은 변화 가운데 몇 가지만 살펴볼 수밖에 없었다. 이 밖에도 많은 변화가 기다리고 있었다. 늙어가는 부모님, 자녀들이 결혼하기보다 파트너와 동거하는 편을 택하는 문제, 마크가 불리한 연금 조건에도 불구하고 조기 퇴직하기로 결정하는 것 등이 그것이다.

게일과 마크 부부와 같은 사람들에게 적합한 지혜로운 말씀이 전도서에 나와 있다.

모든 일에는 다 때가 있다.
세상에서 일어나는 일마다 알맞은 때가 있다.[1]

우리는 모든 때를 주관하는 하나님을 예배하는 사람들이다. 그분은 우리의 안팎으로 무슨 일이 일어나든지 가르치고 격려하고 인도하고 지도하고 공급할 수 있는 능력의 하나님이다. 유명한 "목자의 시편"은 하나님의 선하심과 인자하심이, 햇빛이 밝게 비칠 때뿐만 아니라 평생에 우리를 따를 것이라고 노래하고 있다.[2]

변화의 물결 위에서 잘 항해하려면 궤도에서 벗어나지 않게 해줄 고정된 지점들이 필요하다. 나는 성경에서 찾을 수 있는 여러 정점 가운데 네 개를 제시하고자 한다. 그것들을 나는 그 본질 그대로 "원리"라고 부른다.

> 변화의 물결 위에서 잘 항해하려면 궤도에서 벗어나지 않게 해줄 고정된 지점들이 필요하다.

첫째 원리: 하나님은 때마다 우리가 할 일을 준비하고 계신다

우리는 대부분 정해진 일과를 좋아한다. 낯익은 것이 안전하다고 느끼기 때문이다. 우리는 우리가 어디에 있는지 그리고 다음에 할 일이 무엇인지를 알고 싶어한다. 그러다가 변화가 닥치면 불안해하고 장차 전개될 상황이 이전만큼 좋지 않을까 봐 두려워한다. 소위 "변화에 대처하는 법"을 강연하는 강사들은, 변화가 좋은 것을 가져올 거라고 사람들을 안심시키는 일이 중요함을 알 것이다.

변화는 인생의 일부인 만큼 우리는 거기에 적응하는 기술을 배울 필요가 있다.

한 친구가 최근에 퇴직을 했는데, 그가 일하던 회사가 예비 퇴직자 코스를 마련해주었다. 그것은 돈, 건강, 취미 생활, 지역 공동체를 위한 봉사 활동 등을 두루 다루는 유익한 과정이었다. 내 친구가 그 과정을 통해 인생의 새로운 장에 대한 열정을 품고 돌아온 것을 보면, 그것을 고안한 사람이 누구든지 상을 받을 만한 자격이 있는 것 같다.

친구의 반응을 곰곰이 생각한 결과, 그를 그처럼 긍정적으로 만들어준 것은 바로 장래에 대한 목적의식이라는 것을 깨닫게 되었다. 친구 부부는 장차 닥칠 변화에 대해 미리 경각심을 갖게 되었고 거기에 대처할 준비를 더 잘 갖추게 되었던 것이다.

변화에 직면할 때는 하나님께, 우리에게 열어주신 새로운 단계의 목적을 발견할 수 있게 해달라고 간구하는 것이 좋다. 우리가 관계를 맺을 만한 대상은 누구인가? 인생의 새로운 단계에 나는 무슨 가치를 들고 들어가야 할까? 이 상황에서 어떻게 하나님이 주신 기술을 최대한 활용할 수 있겠는가? 하나님은 왜 나를 여기에 두셨는가? 이런 것이 인생의 전환기마다 하나님의 뜻을 발견하기 위해 우리가 던질 질문들이다. 앞서 우리는 "부르심"이란 단어를 살펴보면서 그것이 소명 의식을 가리키는 것임을 알게 되었다. 변화를 접할 때 우리에게는 그런 소명 의식이 필요하고, 변화를 위협거리가 아닌 새로운 기회로 보는 것이 바람직하다.

아울러 우리의 염려거리를 속에서 곪게 내버려두지 말고 하나하나 열거해보는 것이 좋다. 최근에 나는 첫 직장을 위해 지원서를 내는 한 대학생과 식사를 한 적이 있다. 대화 중 존은 어느 직장에 지원서를 내야 하는지의 문제와 인터뷰와 관련된 서너 가지 고민거리를 얘기했다. 이처럼 몇 가지 문제를 구체적으로 파악할 수 있었기 때문에 그것들에 더 잘 대처하는 능력을 얻게 되었다. 마지막 순간에 나는 지금과 비슷한 변화의 시기였던, 대학 생활을 처음 시작할 때를 상기해보라고 말했다. 3년에 걸친 대학 시절 동안 그는 많은 기도 응답을 받았고 좋은 친구들도 사귈 수 있었다. 그처럼 변화의 때에 하나님의 은혜를 많이 경험했으므로, 지금 자기 앞에 놓인 미지의 땅에 진입해서도 그런 은혜를 받을 것임을 충분히 신뢰할 수 있는 것이다.

둘째 원리: 누구도 쓸모없는 존재라고 느낄 필요가 없다
다른 문화 속에서 한동안 살아보면 자신의 가치관을 다른 안목으로 볼 수 있다.

오래전 나는 여러 달 동안 인도에서 일한 적이 있었는데, 그때 여러 귀중한 교훈을 배웠다. 그 가운데 하나는 인도에서는 통째로 버리는 물건이 거의 없다는 점이었다. 쓰던 물건을 고쳐서 다시 사용할 줄 아는 사람이 언제나 있었다. 대조적으로 우리 문화는 물건마다 제한된 수명이 있다고 믿는다. "이걸 고치느니 새 것을 사는 게 더 싸게 먹힌다"는 소리를 얼마나 자주 들었던가?

쓰고 버리는 문화가 주는 압박 하나는 동일한 원칙을 사람에게도 적용한다는 점이다. 어느 일정한 연령에 이르면 당신은 직장을 구할 수 없다. 일을 할 수 없어서가 아니라, 회사가 그 연령을 넘긴 사람을 더 이상 고용하지 않기 때문이다.

예를 들어 오십대 중반의 프랭크라는 사람이 있었다. 그는 회사를 설립해서 지난 20년 동안 혼신의 힘을 다하여 그 비즈니스를 키운 사람이다. 회사를 팔 때만 해도 자기가 그냥 이사회에 남을 것으로 생각했는데, 두어 달도 안 되어 신임 사장으로부터 "감사합니다만, 우리에게는 당신이 더 이상 필요 없습니다. 당신의 수고는 사실 그리 필요하지 않습니다" 하는 소리를 들어야 했다.

베키의 경우를 보자. 그녀가 일하던 학교가 다른 학교와 합병되는 바람에 학과장이 두 명이나 있을 필요가 없게 되었다. 이사회는 더 젊은 후보자를 택했고, 베키에게는 이것을 조기 퇴직의 기회로 삼으라는 제안이 들어왔다.

리처드의 경우도 마찬가지다. 그는 2년 전 은행에서 해고당한 뒤 다른 많은 회사의 문을 두드렸으나 하나도 열리지 않았다. 내가 해고 통지서의 내용 때문에 괴로워하느냐고 물었더니, 그는 해고 편지보다는 연락하겠다고 약속한 후 무시해버린 채용 담당자들이 더 지독하다고 투덜댔다.

세 가지 경우 모두 복잡한 요인들을 안고 있지만, 그 배후에는 기술과 재능을 가진 세 사람이 있다는 점을 잊지 말아야 한다. 그들은 인생 경험이 풍부하고 열심히 일할 자세를 갖고 있으나, 아무도 그 점을 가치 있게 생각하지 않는 것 같다. 참으로 실망스럽기 짝이 없는 현실이다. 그리고 이 취업 문제는 세 명 모두에게 신앙과도 관련이 있는 큰 문제다.

토니 블레어는 영국의 수상으로 10년을 봉직했는데 재임 중에 새 천년을 맞이했다. 그때 그가 내놓은 두 가지 논평은 영국 사회의 영적 공허함을 꿰뚫어보는 통찰력이 담긴 지적이었다.

> 영국은 과거 어느 때보다 더 풍요로워졌으며 과거 어느 때보다 더 불행해졌다.[3]

그보다 앞서 총리는 노동당 문헌에 이렇게 쓴 적이 있다.

> 우리는 이전 모든 세대 이상으로 천 가지 물질적 혜택을 누리고 있지만, 그들이 경험한 적이 없는 깊은 불안감과 영적인 회의에 시달리고 있다.

이 논평이 수상의 입과 손에서 나왔다는 점에 주목하라. 흔히 예상하듯 대주교나 그 비슷한 이가 이런 평가를 내놓은 것이 아니다. 우리는 어느 때보다 더 많이 소유하고 있으나 어느 때보다 더 공허한 삶을 살고 있다. 너무도 많은 것을 갖고 살지만, 무엇을 위해 살아야 할지 거의 모르고 있다. 이런 질병은 우리가 사람들을 하찮게 여기는 모습과 경제적인 이익을 최후의 보루로 삼는 태도에서 가장 뚜렷하게 나타난다.

성경은 모든 인간이 하나님의 형상으로 만들어졌기 때문에 본질적인 가치를 갖고 있다고 가르친다. 우리는 거들먹거리며 "본래 인생은 그렇고 그런 거야"라는 소리를 수용하는 대신, 하나님이 주신 가치관과 자존감을 회복하는 일이 필요하다. 직책과 봉급을 모두 잃는 일이 생길지 모르나 스스로 존엄한 존재라는 의식까지 잃을 필요는 없다.

우리가 눈을 열기만 하면 우리의 기술을 활용하고 우리의 가치를 입증할 수 있는 기회가 도처에 널려 있다. 동네 학교에는 아동들이 책 읽는 것을 듣고 도와줄 자원봉사자가 필요하고, 봉사 단체들은 언제나 도와줄 일손을 찾고 있으며, 어느 공동체든지 온갖 도움이 필요한 사람들이 있기 마련이다. 기업 운영 기술을 가진 자들에게도 실로 무한한 가능성이 열려 있다. 당신의 상상력과 창의적인 기술을 사용하라. 틈새를 찾아서 그것을 메우라!

최고 수준의 동기 부여 강사인 데브라 설은 정말로 대단한 여성이다. 베스트셀러가 된 책 『여정』(The Journey)[4]에서 그녀는, 남편인 앤드류가 경기를 계속할 수 없는 상황에서 어떻게 자기가 홀로 노를 저어 대서양을 건넜는지를 이야기하고 있다. 그녀는 무려 세 달에 걸쳐 하루에 12시간씩 노를 저어 거의 5,000킬로미터나 되는 바닷길을 홀로 건너간 인물이다.

노를 젓는 그녀 앞에는 날마다 힘을 북돋우는 표어가 있었다.

당신의 태도를 선택하라.

나는 그녀가 이 주제로 강연하는 것을 들은 적이 있다. 데브라야말로 우리 중 누구도 쓸모없는 존재라고 느낄 필요가 없다는 원리를 보여주는 실체다. 우리는 새 날을 맞이할 때마다 스스로 우리의 태도를 결정할 수 있다. 분노, 원한, 격분 혹은 보복하고 싶어 부글부글 끓는 심정일 수도 있다. 아니면 용서, 희망, 새로 도전하고픈 마음을 택할 수도 있다. 후자의 경우에는 이제 막 전개되는 새로운 장을 내다보며 기쁨을 느낄 수 있을 것이다.

셋째 원리: 무엇을 하든지 전력을 다해서 하라
이 원리는 우리가 앞서 언급한 바 있는 구약의 전도서에서 직접 끌어온 것이다.

> 네 손이 일을 얻는 대로 힘을 다하여 할지어다. 네가 장차 들어갈 스올[무덤]에는 일도 없고 계획도 없고 지식도 없고 지혜도 없음이니라.[5]

라틴어로 된 유명한 모토 "카르페 디엠"(carpe diem)이 말하듯 "오늘을 붙잡으라." 당신에게 이미 주어진 것을 최대한 활용하고 당신에게 오는 모든 기회를 이용하라. 특히 살아 있는 신앙을 가진 사람에게는 이것이 더욱 중요하다고 생각한다. 만일 우리의 삶 자체가 위탁받은 선물이라고 믿는다면, 쓸모 있는 존재가 되어야 할 더 큰 동기를 가지는 셈이다. 평생 동안 많은 사람과 그들 인생의 열매를 관찰한 결과, 가장 자족하며 사는 이들은 남에게 너그럽게 베풀고 섬기는 삶을 사는 자들임을 알게 되었다. 반면에 자기중심적 성향이 강하면 강할수록 불만족도 그만큼 크다는 사실도 똑같이 알게 되었다.

나는 캘커타의 테레사 수녀를 두 번이나 만나는 특권을 누렸다. 그녀는 작은 키에 큰 영혼을 가진 여성이었다. 우리가 나눈 대화 중에서 한 구절이 특히 기억에 남는다. "예수님에게 가까이 가고 싶으면 가난한 사람들과 함께 일하세요. 그분이 가난한 자와 함께 계심을 알 수 있을 거예요." 자기희생과 봉사로 점철된 그녀의 삶은 스스로에게 심

> 우리 자신이 몸을 굽혀 섬기는 것을 배울 때 섬김의 왕이신 하나님에게 가장 가까워질 수 있다.

오한 신앙의 교훈을 가르쳤던 것이다. 우리 자신이 몸을 굽혀 섬기는 것을 배울 때 그 섬김의 왕께 가장 가까워질 수 있다.

몇 년 전 「타임」지에 테레사 수녀에 관한 기사가 실린 적이 있는데, "남들이 나를 어떻게 보는지는 모르겠어요. 나는 자신을 그저 하나님의 손에 들린 작은 연필로 보지요"라는 그녀의 말이 인용되어 있었다.

테레사 수녀의 예는 직업이 무엇이든 간에 우리가 따를 만한 좋은 본보기인 것 같다.

넷째 원리: 먼저 하나님의 나라를 구하라

산상설교라고 불리는 대목에는 우리 귀에 익숙한, 염려의 문제에 관한 예수님의 말씀이 담겨 있다. 많은 사람이 이 말씀을 읽으면서 종종 검은 구름처럼 우리 위에 드리우는 두려움에 대한 위대한 해독제를 발견했다. 예수님은 공중의 새와 들의 꽃을 가리키며 어떻게 창조주 하나님이 그들에게 양식을 공급하는지를 묘사하셨다. 그리고 우리에게 염려에 사로잡히지 말라고 권면했다.[6]

염려하지 말고 오히려 하나님을 신뢰하라고 권하는 이 확신에 찬 말씀의 중간 부분에는, 우리가 놓쳐서는 안 될 진술이 하나 나온다.

그런즉 너희는 먼저 그의 나라와 그의 의를 구하라. 그리하

면 이 모든 것을 너희에게 더하시리라.[7]

자칫 전후 문맥을 무시한 채 이 진술을 읽으면 그 의미를 놓치기가 쉽다. 지금 예수님은 우리가 돈과 옷과 양식과 같은 것에 몰두하는 바람에 하나님을 온전히 신뢰하는 일을 게을리하기 쉽다고 얘기하는 중이다. 변화의 시기는 불안감을 불러일으키고 우리를 쉽게 염려에 휩싸이게 한다. 따라서 의식적으로 먼저 하나님의 나라를 구하기로 선택함으로써 장래가 어떻게 될지에 대한 염려에서 해방될 수 있을 것이다.

먼저 하나님의 나라를 구한다는 것은 상투적인 문구가 아니라 우리의 구체적인 선택으로 표출되어야 한다. 이를테면 다음과 같은 것들이다.

- 기도를 통해 우리의 장래를 하나님께 의탁하는 것
- 우리의 결정이 말끔하게 내려지도록 하나님께 우리 동기를 면밀히 조사해달라고 간구하는 것
- 하나님을 신뢰하고 의지하는 우리의 믿음대로 행하는 방법을 모색하는 것
- 변화의 시기에 우리가 고민하는 문제들을 파악하는 것
- 이런 경험을 통해 우리의 믿음이 자라도록 애쓰는 것

일과 직업에 관련하여 무슨 변화가 닥치든지 간에, 우리는

홀로 그 일을 직면할 필요가 없다. 홀로 있지 않다는 사실이야말로 우리가 안심할 수 있는 가장 큰 근거가 아닐까 생각한다.

Key point

우리가 변화의 시기에 희망과 성취감을 찾으려면 다음의 원리들을 인식해야 한다.

- 하나님은 때마다 우리가 할 일을 준비하고 계신다.
- 우리 중 누구도 쓸모없는 존재라고 느낄 필요가 없다.
- 우리가 무엇을 하든지 전력을 다해서 해야 한다.
- 먼저 하나님의 나라를 구하는 일이 중요하다.

며칠 전에 아프리카의 여러 나라를 돌면서 에이즈 환자를 돕는 다양한 프로젝트를 둘러보고 있는 친구들로부터 이메일을 한 통 받았다. 그들은 거기서 만난 사람들의 헌신과 기술에 관해 쓰면서, 이 현대판 천형과 싸우기 위해 기술을 제공하는 다수가 의료 전문가들이라고 했다. 그런데 한 그리스도인 부부가 그 친구들에게 강력한 인상을 남겼다. 그들은 의사가 아니라 변화의 시기에 하나님을 만난 평범한 부부였다. 이메일의 일부를 인용하면 이렇다.

너무도 많은 이야기가 있지만 그 가운데 하나만 들려주겠습니다. 우리는 본부 사무실에서 일하고 있던 노년의 캐나다인 부부를 만나게 되었습니다. 우연히 그들과 차를 한 잔 하게 되었지요. 그 부부는 은퇴하기 몇 년 전부터 모든 계획을 세워놓았다고 하더군요. 여가를 위한 차량을 구입하고 휴양 시설 이용권도 사놓는 등 좋은 것들을 모두 계획해놓은 상태였지요. 그런데 그때 주님이 그들의 마음을 붙잡아 우간다로 이끄셨다고 합니다. 현재 그들은 본부의 모든 회계 업무를 처리하고 있고, 너무 가난해서 다른 지역의 학교로 등교할 수 없는 초등학생들을 위해 학교를 세웠습니다. 지금 250명이 다니고 있는데 학생 수가 계속 늘어나는 중이랍니다! 17명의 현지 우간다인을 고용하고 있으며, 학생들의 가정은 어떤 식으로든 학교 운영에 기여하고 있지만, 설사 돈이 없다고 해도 돌려보내는 일은 없다고 합니다. 놀라운 사실은 모든 사람이 조금씩은 부담할 수 있었다는 점이고, 따라서 그 공동체에 일종의 주인 의식이 생겼다는 것입니다. 그 이야기를 들었을 때 나는 감정이 북받치고 기쁨이 충만했답니다. 아, 사랑이 많은 이 부부는 얼마나 보람 있는 은퇴 생활을 하고 있는지 모르겠군요!

내가 이 장을 쓰려고 앉았을 때 그 이메일이 도착한 것은 결코 우연의 일치가 아니라고 생각한다. 주님은 우리 인생의 계절이 바뀔 때마다 어떤 목적을 갖고 계시고, 그 변화가 닥칠 때 그분의 뜻을 구하고 그분의 계획을 찾으라고 우리를 초대하신다.

> 주님은 우리 인생의 계절이 바뀔 때마다 어떤 목적을 갖고 계신다.

더 생각할 문제

[1] 당신이 이제까지 경험한 변화의 시기들을 뒤돌아보라. 그때 당신은 어떻게 대처했는가? 그런 경험에서 얻은 좋은 교훈을 몇 가지만 얘기해보라.

[2] 데브라 설의 인상적인 모토, "당신의 태도를 선택하라"를 상기하라. 이 모토는 당신이 변화의 물결 위에서 성공적으로 항해하는 데 어떤 도움을 주겠는가?

[3] 당신의 현 상황을 고려할 때, 이 장에서 개관한 네 가지 원리 중 어느 것이 가장 필요한가? 그 원리를 어떻게 구체적으로 적용하겠는가?

7. 친구의 도움을 받아

우리는 일이 성취감을 주기보다는 욕구 불만을 일으킬 때가 많다는 것을 때때로 경험한다. 사실 어떤 날에는 기상천외한 사건이 일어나기도 한다. 여기에 일터에서 발생하는 에피소드 몇 가지를 스냅 사진으로 찍어 보았다.

- 도서관 사서에게 어떤 할머니가 손에 책을 쥐고 다가왔다. "미안합니다만 내가 이 책을 읽은 적이 있는지 알려주실래요?" 사서는 이 질문을 들으며 망연해지는 기분을 느꼈다.
- 바빠서 정신없는 엄마가 학교에 가서 네 아이를 차에 태운 후, 한 명은 피아노 학원에 다른 한 명은 축구 연습장에, 그리고 또 한 명은 친구의 생일 파티 장소에 각각 내려주었다. 엄마와 나머지 한 아이는 복잡한 러시아워 길을 헤치고 부랴부랴 치과 병원에 도착했다. 그런데 의사가 그 아이의 이빨을 진단하더니 "이 애한테는 봉을 박

아 넣을 필요가 없겠는데요. 이빨에 구멍이 하나도 없으니까요" 하고 말하는 것이었다. 엄마가 찬찬히 아이를 쳐다보더니 펄쩍 뛰면서 소리쳤다. "아니, 이럴 수가…다른 애를 데려왔잖아!"

- 맥도날드의 직원들이 11월 11일에 제2차 세계대전 전사자를 위한 추모 의례를 지키기로 결정했다. 오전 11시가 가까워오자 정중하게 손님들에게 1분간 묵념에 동참하자고 권유했다. 얼마간의 시간이 지나고 음식점은 정상 영업으로 복귀했는데, 몇 분 뒤 갑자기 무장 경찰들이 들이닥쳤다. 지나가던 보행자가 직원들과 손님들이 움직이지 않고 서 있는 모습을 보고 강도가 침입한 줄 알고 경찰에 신고했던 것이다.

- 한 직원이 회사 간부들 앞에서 중요한 프로젝트를 발표하게 되어 있었다. 몇 달간 심혈을 기울여 준비한 끝에 드디어 그날이 도래했다. 아내는 그가 최종 서류를 가방에 넣는 동안 최고로 좋은 정장 바지를 한번 다려주겠다고 했다. 이윽고 남편은 깔끔하게 재킷을 입고 넥타이를 맨 채 서둘러 계단을 내려가서 아내에게 얼른 키스를 한 다음 앞문을 향해 걸어갔다. 그때 "여보, 혹시 이것이 필요하지 않나요?" 하고 아내가 물어보는 것이었다. 아내의 손에는 금방 다린 바지가 들려 있었다.

- 우편 주문 회사에서 일하는 고객 담당 부장이 화가 난 고

객으로부터 온 전화를 받았다. 상대방은 흰색 점퍼를 주문했는데 파란색 점퍼를 받았다고 불평했다. 부장이 주문서를 확인하고 나서 "선옹초(cornflower)색 점퍼를 주문하셨지요. 그건 파란색이 맞습니다" 하고 알려주었다. 그러자 고객이 "아니, 그렇지 않아요"라고 대꾸하면서 "내가 방금 식료품실에서 확인했는데 내 옥수수 가루(cornflour)는 흰색이라니까요!" 하고 말하는 것이었다.

우리가 하는 일이 어떤 형태이든, 그것이 유급이든 자원봉사이든, 우리에게는 좋은 날도 있고 궂은 날도 있기 마련이다.

내 친구의 도움을 받아

우리는 일의 세계에서 소외감을 느끼기 쉽다. 그런데도 우리가 도움의 손길을 청하고 싶은 곳은 결코 교회가 아니다. 한 친구가 다음과 같이 솔직히 말한 것과 같다. "몇 년 전 내가 일터에서 굉장한 압박을 받고 있을 때 어디에 도움을 청해야 할지를 몰랐지. 결국 내게 가장 큰 도움을 준 것은 안 믿는 동료들이었어. 우리 교회에는 내가 직면한 문제를 이해하거나 도와줄 사람이 한 명도 없었지."

나는 "과연 그래야만 하는가?"라는 질문을 던지고 싶

다. 만일 우리가 하나님의 가족 안에서 일터에서 받는 압박을 나눌 수 없다면 무언가 아주 잘못된 것이다. 참된 "코이노니아"("교제"를 뜻하는 그리스어 단어)가 한낱 이론이 아니라 실제 경험이 되려면, 우리가 씨름하는 인생의 문제들이 교회의 형제 관계 안에서 거론되어야 마땅하다. 그리고 이런 맥락에서 지지의 손길을 찾을 수 있어야 한다. 좋은 가정은 일종의 유대 관계에 기초하여 구성원들을 지지하는 역할을 잘 감당한다. 지역교회가 신자의 공동체를 세우는 곳이라면, 우리는 다 함께 관계를 맺고 서로서로 지지해야 하며 특히 힘든 시기에는 더욱 그래야 마땅하다.

> 만일 우리가 하나님의 가족 안에서 일터에서 받는 압박을 나눌 수 없다면, 무언가 아주 잘못된 것이다.

한 친구가 최근에 볼링을 배우기 시작했는데, 불과 몇 주 만에 그 클럽에서 상당히 환영받고 받아들여진다는 느낌을 받았다고 했다. 짧은 기간에 새 친구들도 사귀고 그들의 가족과 일에 대해서도 많이 알게 되었다. 그는 약간 당혹스런 표정을 지으면서 "평생 교회에 다녔지만 그만큼 개방된 태도와 친구 관계를 경험하진 못했거든" 하고 말했다.

이제까지 목회자이자 지역교회의 지도자로 섬겨온 나는 그런 이야기를 들으면 커다란 실패 의식과 자책감을 느끼게 됨을 고백하는 바이다. 우리가 교회 프로그램을 통해 무엇을 이룩하려고 하든지 간에 진정한 공동체를 세우지 못하고 있다면, 21세기에 그리스도의 몸을 구현하는 일에 실패하고 있는 셈이다.

> **Key point**
> 참된 공동체 의식을 배양하려면 우리의 일을 포함하여 삶에서 일어나는 것을 서로 나눌 필요가 있다.

이 장에서 나는 어떻게 하면 교회 내에서 열린 친구 관계를 수립하여 우리의 삶을 나누고 서로 지지하는 것이 가능할지 그 방법을 탐구하고 싶다.

기꺼이 삶을 나누고 귀담아듣는 관계

우리가 취할 수 있는 첫 단계는 일터에서 일어나는 것을 서로 나눌 만한 기회를 만드는 일이 아닐까 생각한다.

이와 똑같이 중요한 것은 기꺼이 상대방의 말을 귀담아듣는 태도이다. 만일 우리가 주변 사람들과 그들의 삶에 일어나는 일에 관심을 보이지 않으면, 당연히 그들의 고민들은 묻혀버리고 입 밖으로 나오지 않게 마련이다.

최악의 시나리오는 누군가 고민을 솔직히 나누는데도

아무도 주목하지 않는 경우다.

조지와 헤더가 인도하는 소그룹을 예로 들어보자. 이 그룹은 연령대가 다양한 조직으로 교회 교인들의 구성을 잘 대변한다고 볼 수 있는데, 화요일 저녁이면 많으면 열 명까지 모임에 참석한다. 교회에 속한 모든 소그룹은 똑같은 프로그램을 따르고 있으며, 현재는 바울이 갈라디아 교회에 보낸 편지를 공부하는 중이다.

오늘 밤은 갈라디아서 6장을 마지막으로 공부하게 되며, 교회에서 제공한 교재를 따라 조지가 모임을 인도할 예정이다. 본문에 대한 간략한 설명을 한 뒤 조지는 이제 다 함께 토론할 시간이라고 알리고 나서 여러 질문 중 첫째 것을 읽어 준다.

> 바울은 갈라디아 교인들에게 "너희가 짐을 서로 지라. 그리하여 그리스도의 법을 성취하라"(2절)고 권면하고 있다. 이 말씀이 오늘 당신의 그룹에게는 어떤 의미로 다가오는가?

그러면 집에 매여 있어 외출하지 못하는 자들을 방문할 필요성이라든가, 토요일에 모이는 청소년 클럽에 도우미가 부족하다든가 하는 이야기가 오간다.

조지는 서둘러 토론을 마무리하려고 한다. 벌써 9시 25분, 커피 타임이 된 것이다. "더 할 말은 없나요?" 하고 마치

맥주집 주인이 마지막 주문을 재촉하듯 물어본다.

멜은 가장 최근에 합류한 신참 멤버로서 모임에 참석한 지 불과 석 달밖에 되지 않았다. 처음에는 알파 그룹에 속했다가 교회에 정기적으로 출석하기 시작한 초신자였다. 그 후로 교인들에게서 따스한 환영을 받은 터였다. 현재 멜은 이십대 후반의 독신 여성으로 시내에 있는 건축 사무소에서 일하고 있다. 그녀는 약간 주저하면서 입을 뗀다. "잘 모르겠습니다만, 이 성경 구절에 나오는 '짐'이 직장에서 하는 일과도 관련이 있나요?"

모두가 침묵을 지키자 조지가 뛰어들었다. "멜, 모든 것을 포괄하고 있다고 생각해요. 일과 가정, 그리고 그 밖의 무엇이든 말이죠. 자매가 지고 있는 짐에 대해 얘기해보시지요."

멜은 목청을 가다듬는다. "말하기가 약간 거북한 문제이긴 한데… 여러분도 알다시피 저는 여기서 좀 떨어진 새로운 선착장 프로젝트 작업을 하고 있는 중입니다. 제 보스인 앤디는 프로젝트 팀장이고, 우리는 매달 여러 날 동안 현장에서 묵어야 합니다. 언제나 같은 호텔에 머물면서 저녁 식사가 끝나면 다 함께 술을 몇 잔 마시지요. 글쎄 어떻게 말해야 할지 모르겠습니다만, 앤디가 그동안 저에게 강하게 접근했는데 저로서는 어떻게 대처해야 할지 잘 모르겠어요."

보수적인 환경에서 자란 조지가 물었다. "멜, '강하게 접근한다'는 말이 요즈음 정확히 무슨 뜻으로 사용되나요?" 그는 다른 멤버들이 자신의 따스한 목회적인 배려를 알아주길 바라면서 잠시 말을 멈춘다.

"그는 내가 자기와 잠자길 원해요" 하고 멜이 응답한다. "하지만 잘 모르겠네요. 앤디가 내게 해준 얘기대로라면, 그와 같이 있으면 거의 잠들지 못할 것 같긴 해요!"

갑자기 방은 쥐죽은 듯 조용해진다. 조지를 구출하려고 헤더가 늘 그랬듯 "커피 마실 사람 손들어보세요" 하고 외친다. 톰도 말문이 막힌 조지를 위해 뛰어든다. "멜, 그것은 목사님과 상담할 문제인 것 같군요. 우리 소그룹의 테두리를 조금 벗어난다고 생각해요. 참 곤란한 상황인데, 어쨌든 우리 모두 자매가 잘되기를 바라는 건 분명해요. 하지만 그 문제를 놓고 그룹 토론을 하는 게 좋을지는 잘 모르겠군요."

커피 타임이 되어 진정한 교제가 시작될 참이었다.

하지만 이 문제는 다시는 거론되지 않았다. 아니나 다를까 멜은 얼마 후부터 소그룹에 모습을 나타내지 않았다. 그리고 얼마 지나지 않아 교회에 출석하는 일도 그만두었다. 그녀는 짧은 기간 앤디와 혼외정사에 빠졌고, 앤디는 아내와 세 자녀를 남겨둔 채 멜의 아파트로 이사했다. 그러나 불과 1년도 안 되어 모든 것이 끝나고 말았다. 앤디는 고개를 숙인 채 집으로 돌아갔고, 멜은 뉴캐슬에 있는 다른 회사에서 일하고 있으며 교회와는 담을 쌓았다.

자, 무엇이 문제였을까? 위에 등장한 교인들은 선의를 품은 좋은 사람들이었다. 다만 현실 세계에 무지한 게 흠이다.

짐을 서로 진다고? 하지만 그럴 기회를 이미 놓친 셈이다.

다른 종류의 교회 문화

어떻게 하면 멜과 같은 사람을 지지할 만한 그런 교회를 세울 수 있을까?

다른 종류의 교회 문화를 창조하기 위해 개인적으로 취할 수 있는 단계들이 있다. 누군가 다른 사람이 주도권을 잡길 기다리는 대신, 우리 스스로 변화를 도모하는 촉매제가 될 수 있다. 비교적 쉬운 세 가지 아이디어를 제안하려고 한다.

> 우리는 변화를 도모하는 촉매제가 될 수 있다.

1. 하고 있는 일에 대해 좀더 털어놓으라

침묵이 만든 보이지 않는 장벽을 없애는 방법은 입을 열고 이야기를 시작하는 것이다. 당신이 교회 프로그램에 참석하지 않는 시간에는 어떻게 살고 있는지 사람들과 나누겠다고 결심하라. 하고 있는 일이 좋은지 나쁜지, 따분한지 그저 그런지 사람들에게 알리라. 유급직이 아니고 아이들을 돌보거나 병든 가족을 간호하고 있더라도, 당신이 온종일 하고 있는 일을 남들과 나누라.

7. 친구의 도움을 받아

'한 사람이면 패하겠거니와 두 사람이면 능히 당하나니 삼겹줄은 쉽게 끊어지지 아니하느니라.'
전도서 4:12

방금 우리는 신학교에서 공부하는 친구 가정으로부터 기도 편지를 받았다. 가장 중요한 기도 주제는 그들의 어린 아들을 위한 것이었다. 아이가 새 학교에 적응하기를 어려워해서 심각히 염려할 만한 상태에 빠질 가능성도 있다고 한다. 그들은 굳이 이런 기도 제목을 나눌 필요가 없었을지도 모른다. 대신 미사여구로 가득 찬 편지를 쓸 수도 있었을 것이다. 하지만 이 친구는 자기 모습을 있는 그대로 나누기 원했고, 그 결과 진정한 기도 후원을 받게 된 것이다. 이로 인해 우리의 친구 관계도 더 깊어지게 될 것이다. 만일 그들이 그런 문제를 나누지 않았다면, 우리는 그들과의 관계에서 더 큰 거리감을 느꼈을 것이다.

2. 친구를 찾으라

나에게는 니겔이라는 이름의 기도 파트너가 있다. 이 글을 쓰고 있는 지금도 함께하는 친구지만, 니겔은 특별히 내 생애에서 가장 어려운 시기를 통과하도록 도와준 귀한 기도 파트너다. 그와 나는 2년 동안 쭉 만나왔는데, 둘이 같이 정해놓은 기준이 우리에게 잘 맞았다. 내가 사는 집 근처에는 둘레가 3킬로미터쯤 되는 인공 호수가 있다. 비가 오나 눈이 오나 아침 7시면 우리는 활기찬 걸음으로 함께 호수 두 바퀴를 돈다. 첫 바퀴를 돌 때는 가정과 직장, 신앙 등에 관해 얘기를 나눈다. 두 번째 바퀴는 서로를 위해 그리고 당면한 문제를 놓고 기도한다. 최근 몇 달은 내게 아주 힘겨운 시간이었기 때문에 때로는 세 바퀴를, 때로는 네 바퀴를 돌기도 했다.

니겔의 기도 후원이 없었더라면 나는 지난 몇 달을 견뎌내지 못했을 것이다. 니겔도 같은 말을 하지 않을까 생각한다. 니겔 역시 지난 1년 동안 경력과 관련된 큰 변화를 겪었기 때문이다.

아무도 우리에게 이런 식으로 만나도록 강요하지 않았다. 우리가 서로를 발견한 것은 그럴 만한 필요를 느꼈기 때문이다.

정작 필요한 것은 누군가 주도권을 잡는 일뿐이다. 다른 두 친구가 우리와 비슷한 기도 동반자 관계를 맺기 시작했는데, 이를 계기로 남성을 위한 비공식 모임도 생기게 되었다.

이들은 현실, 책임성, 영적 성장 등을 함께 도모하는 관계 개발이 얼마나 중요한지를 체험한 끝에, 영국 전역에서 남성을 위한 기도 파트너 운동을 전개하고 있다.[1]

대부분 문제가 되는 것은 시간이다. 시간이 충분치 않은 것이다. 우리에게 시간이 좀더 있다면 좋은 일을 많이 할 수 있으련만. 그러나 사실은 그 일을 정말로 중요하게 여긴다면 그것을 할 시간은 언제나 있게 마련이다.

> 우리가 **중요하게 여기는** 것을 할 시간은 언제나 있기 마련이다.

그런즉 일단 시간을 확보해놓고 당신이 속마음을 털어놓고 함께 기도할 만한 친구(들)를 찾으라.

3. 소그룹이 현실적이 되도록 하라

많은 교회가 이런저런 종류의 소그룹을 운영하고 있다. 나도 여러 그룹에 속해 보았고 그룹을 인도한 적도 많았다. 얼마나 성공적이었는지는 그룹에 따라 가지각색이었다. 좋은 그룹, 엉성한 그룹, 심지어는 꼴사나운 그룹에 이르기까지 천차만별이라는 것을 나도 알고 있다. 애드리안 플라스는 예수님을 좇는 우리가 때로는 얼마나 어리석은지를 상기시킴으로써 범세계적 차원에서 교회에 큰 기여를 했다. 때때로 소그룹은 도무지 이해할 수 없는, 집단적인 어리석음을 표출하기도 한다. 천사들조차 아연실색할 정도다.

내가 제안하고 싶은 것은, 당신이 소그룹으로 모일 때

다음 세 가지 질문을 제시하여 모두가 응답하도록 주선하라는 것이다.

1. 당신은 실생활에서 무슨 일을 하는가?
2. 당신은 무슨 일을 즐기는가?
3. 당신은 무슨 일을 힘들어하는가?

이것들은 어려운 질문이 아니다. 하지만 이 질문을 계기로 당신의 그룹은 새로운 차원으로 진입할 수 있을 것이다. 한 번 시도해보라.

Key point

우리가 새로운 교회 문화를 창조할 수 있는 몇 가지 방법은 첫째, 일터에서 겪는 문제를 좀더 적극적으로 털어놓는 것과 둘째, 기도 파트너를 만드는 일과 셋째, 소그룹에서 교회 프로그램에 참석하지 않는 시간, 곧 평소에 하는 일을 서로 나누는 것 등이다.

지도자를 위한 조언

당신은 지역교회 지도자의 한 사람으로서, 어떻게 하면 교인들이 평일에 씨름하는 문제를 좀더 깊은 차원에서 함께 나눌 수 있는 열린 공동체를 만들 수 있을지 고민할지도 모르겠다. 그렇다면 내가 직접 경험한 바에 기초하여 몇 가지 실제적인 제안을 하고 싶다.

일터 신학에 관한 설교 시리즈를 만들어 가르치라
책의 앞부분에서 이 주제와 관련된 나의 여정을 설명한 바 있다. 당신에게 성경이 일에 관해 말하는 내용을 조사하고 그것을 당신의 가르침에 어떻게 반영할 수 있을지를 생각해 보라고 격려하고 싶다.

덧붙여 다른 사람들에게도 이 주제에 대해 가르칠 수 있는 기회를 주라고 권하고 싶다. 사실 같은 일터에서 일하는 사람들끼리 가장 잘 통하는 법이다. 당신이 설교 시리즈를 계획하고 있다면, 직장 생활의 관점에서 성경적 진리를 성찰할 수 있는 다른 몇 사람을 거기에 포함시켜라.

교인들이 일에서 오는 압박을 나눌 수 있는 기회를 만들라
목회적인 보살핌은 반응과 능동적 개입의 측면을 모두 갖고 있어야 한다. 그런데 우리는 교회 생활 속에서 일어나는 수

많은 위기에 주로 반응만 하는, 반응 중심 모드에 갇혀 있을 때가 너무나 많다.

능동적인 보살핌은 보다 적극적 입장에 서서 "당신의 신앙이 진일보하도록 우리가 어떻게 도울 수 있겠습니까?" 하고 묻는 것이다. 내가 섬겼던 한 교회에서 이른바 "목회 클리닉"이란 것을 실험해본 적이 있다. 교역자들의 사정에 따라 평일의 여러 시간대를 정해놓고 그들이 각기 다른 시간대를 담당하면서, 교인들에게 목회 상담을 하러 오도록 권유하는 식이었다. 내가 초기에 알게 된 것은 나를 만나러 오는 상당수의 교인이 일터와 관련된 문제를 얘기하고 싶어했다는 사실이다. 직업과 관련된 기도를 부탁하거나, 직장 변경에 관한 조언을 부탁하거나, 그들 앞에 놓인 특별한 어려움을 나누기도 했다. 그 실험을 계기로 나는 주일이 아닌 평일에 교인들이 어떻게 사는지를 얼핏 들여다볼 수 있었고, 그때부터 그들을 만나면 "요즘 일터에서는 어떻게 지냅니까?" 하고 종종 묻는 것이 얼마나 중요한지를 깨닫게 되었다.

교인들에게 일과 관련된 기도 제목을 나누도록 격려하라
앞에서 나는 하나님과 일터에 관한 가르침을 시리즈로 진행하는 동시에 기도 프로젝트를 운영했다고 언급한 바 있다. 많은 교회가 기도 사역을 수행하고 있고, 이를 위해 특별히 훈련받은 사람들도 늘어나는 추세는 고무적인 현상이다.

우리 기도 프로젝트의 운영 원리는 비밀 보장이었다. 거기서 만든 기도 카드는 다음과 같았다.

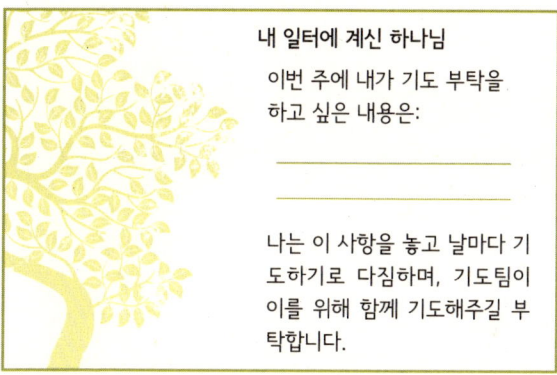

예배당의 강단 옆에 상자를 갖다 놓고 교인들에게 카드를 작성해 넣도록 권유했다. 이미 언급했듯이 우리는 아주 폭넓은 기도 요청을 받았으며 응답받은 기도에 감사하는 목소리도 들을 수 있었다.

우리는 이 프로젝트를 통해 귀중한 교훈들을 배웠다. 첫째, 사람들은 누군가가 일과 관련된 압박에 대해 얘기해주길 기다리고 있었다. 둘째, 우리가 그들에게 자신의 일과 관련된 주제를 놓고 기도하도록 격려했기 때문에 그들은 이런 문제를 위해 기도하는 것도 적절하고 중요한 것임을 알게 되었다(몇 사람은 처음으로 그런 기도를 했다고 고백했다). 셋째, 기도 응답을 받으면 늘 그렇듯이 교인들의 믿음이 더 좋아졌다. 넷째, 목사로서 나는 공중에 붕 뜬 설교를 해서는 안 되고 현실에 뿌리박은 가르침을 나누어야 한다는 점을 깨달았다.

같은 관심사를 따라 조찬 모임을 만들라

우리가 12년 동안 섬긴 한 교회에서는 여러 직업별로 조찬 모임을 만들었다. "교육 분야에 종사하는 교인들", "의료 및 보건 분야에 종사하는 교인들", "사업 부문에 종사하는 교인들"이 처음에 조직됐던 세 모임이다.

우리는 교회 바깥의 장소에서 모여 조찬을 먹고 교역자의 환영사를 들었다. 그런 뒤에는 해당 분야에 종사하는 한 교인이 강의를 했다. 교육 분야를 위해서는 30년 이상의 교육 경력을 가진 은퇴한 교장을 택했다. 의료인들을 위해서는 개발도상국에서 영국으로 실무 교육을 받으러 온 자문 의사가 수고했다. 사업가들을 위해서는 그 지역에서 사업을 하는 한 교인에게 일의 세계에 대한 기독교적 관점을 얘기해달라고 부탁했다. 강사들은 자기 분야에서 믿음에 따라 사는 삶에 대해 얘기하고 참석자들이 공감할 수 있는 몇 가지 예(실수까지 포함해서)를 제시하게끔 되어 있었다.

강의가 끝나면 참석자들에게 앉은 테이블별로 자기 직업의 장단점에 관해 토론하도록 권했다. 소그룹 단위로 얘기하는 게 더 편했기 때문에, 자기 일에서 좋아하는 면과 싫어하는 면을 나눌 때는 여기저기서 시끌벅적한 소리가 들렸다. 조찬 모임의 마지막 순서는 그들이 처한 상황을 놓고 다 함께 기도하는 일이었다.

　　이 조찬 모임의 고무적인 부산물은 거기서 일련의 관계가 맺어져 서로를 위해 기도하기로 약속하고, 제기된 다양한 이슈를 놓고 서로 연락을 주고받게 된 것이었다. 큰 교회에서는 교인들끼리 제각기 무슨 생업에 종사하는지 모르는 경우가 많다. 우리가 주관한 조찬 모임은 교인들에게 같은 분야에 종사하는 다른 교인들을 알게 해주고 서로 폭넓은 네트워크를 개발하도록 도와주었다.

　　목사로서 나는 이런 종류의 모임이 "교인들의 가려운 부분을 긁어주고", 주일 예배의 테두리를 벗어나 교인들의 필요를 채워줌을 알게 되었다. 또한 거기서 나누는 얘기를 열심히 듣다 보니 교인들이 평일 근무 시간에 무슨 문제로 씨름하고 있는지도 어느 정도 알 수 있었다. 고인이 된 마틴 로이드 존스는, 청진기의 발명으로 유명한, 프랑스의 임상의학자 라이넥의 조언을 종종 인용하곤 했다. "당신의 환자에게 귀를 기울이라! 그가 당신에게 진단을 내리는 중이다!" 교인들과 소통하고 싶은 설교자라면 귀담아들어야 할 조언이다.

일터 워크숍을 개최하라

일의 세계에서 확실한 경력을 가진 그리스도인들을 여러 명 선정하여 그들의 경험을 듣는 시간을 가져라. 웬만한 교회에는 풍부한 직장 경험을 가진 사람들이 있지만, 문제는 그들에게 기회가 잘 주어지지 않는다는 것이다. 그들은 일터에서 믿음대로 살고 싶어하는 다른 이들에게 도움이 될 만한 풍부한 지식과 경험을 갖고 있다.

이런 모임은 보통 식탁에 둘러앉아 서로 자연스럽게 질문과 토론을 주고받는 식으로 진행하는 게 최선이다.

> **Key point**
> 지역교회를 이끄는 이들은 일의 영역과 교회의 영역을 창의적으로 융합하는 길을 반드시 찾아야 한다.

천리 길도 한 걸음부터

나는 지역교회에서 목회한 경력이 적지 않은 만큼, 한 주간 일정을 어떻게 짜야 할지 깊이 고민하는 지도자가 별로 없다는 현실을 알고 있다. 이 장에서 나눈 아이디어들은 믿음을 삶의 전 영역에 적용하지 못하게 방해하는, 성속 이원론의 벽을 무너뜨릴 목적으로 우리가 시작할 수 있는 몇 가지 제안 사항일 뿐이다.

이 아이디어들은 나 자신의 경험에서 나온 것이므로 여

러분의 경험은 다를 수도 있다. 중요한 것은 각자 나름대로 교회 프로그램 바깥의 삶과 일에 좀더 신경을 쓰는 공동체를 만들 방안을 모색하는 일이다.

"천리 길도 한 걸음부터"라는 동양의 속담처럼.

더 생각할 문제

[1] 만일 당신이 조지와 헤더의 소그룹에 참석하고 있었다면, 자기 보스가 "강하게 접근하는" 문제로 고민하는 멜의 딜레마에 대해 어떻게 반응했겠는가?

[2] 당신의 교회는 바람직한 공동체 의식을 갖고 있는가? 그런 의식을 배양할 수 있는 실제적인 방법들로는 어떤 것이 있겠는가?

[3] 이 장에서 언급된 제안들을 돌이켜보라. 당신의 교회에는 어떻게 적용할 수 있겠는가? 신앙과 세속적인 일의 영역을 분리하는 장벽을 무너뜨릴 수 있는 또 다른 아이디어가 생각나면 얘기해보라.

8. 예수님을 위해 소젖을 짠다고?

약 20년 전 젊은 커플의 결혼식 주례를 선 적이 있었다. 신랑 신부는 사랑에 푹 빠져 있었고, 결혼식 날 매력적인 모습으로 친구와 가족 등 많은 축하객 앞에 섰다. 남편—그를 브라이언이라고 부르기로 하자—은 나이에 비해 비상한 재능을 갖고 있었다. 타고난 기업가 유형으로서 온갖 다른 배경을 가진 사람들과 쉽게 어울렸고 에너지가 흘러넘쳤다. 그야말로 북극에서도 얼음을 팔아 먹을 그런 사람이었다. 그리고 마흔 살이 되기 전에 백만장자가 되겠다는 야심을 공공연하게 입에 담곤 했다. 하지만 아내인 헤더는 달랐다. 멋진 집은 갖고 싶었지만 큰 부자가 되는 데는 별 관심이 없었다. 오히려 친구 관계, 가족, 인생을 즐길 줄 아는 능력 등이 인생의 우선순위를 차지했다.

그리 오래지 않아 우선순위의 충돌이 불협화음을 내기 시작했다. 세월이 흐르고 아이가 셋이 되면서 그 불협화음은 갈수록 더 커졌다. 마침내 너무 커져서 견딜 수 없는 지경에

도달했다.

몇 달 전 우연히 헤더와 만난 나는 슬픈 이야기를 듣게 되었다. 신실한 마음을 품고 시작된 두 그리스도인의 결혼이 결국 추락한 비행기가 화염에 휩싸인 꼴로 끝났다. 깨진 꿈, 깨진 약속, 그리고 심하게 부상당한 사람들의 결말은 한마디로 엉망진창이다. 바울이 디모데에게 경고한 것처럼, 돈을 사랑해서 미혹을 받아 믿음에서 떠나고 자신과 주변 사람들을 많은 근심으로 찌르는 일은 지금도 우리 가까이에서 벌어지는 비극이다.

우리는 일터에서 잘못된 것을 좇을 소지가 있다. 그것은 결혼 관계는 물론이고 다른 여러 부문에도 영향을 미칠 것이다.

부(富)

우리가 일터에서 잘못 좇을 수 있는 것 중 하나가 돈이다.

언제나 나는 똑같은 것을 새로운 방식으로 표현하는 일에 흥미가 많다. 불과 몇 년 전에 들리던 "저축 계획"이라는 단어는 무척 따분했는데, 그 후에 "재테크"의 세계를 소개받게 되자 별안간 그 말이 흥미진진하게 느껴졌다. "저축"이란 단어는 머릿속에 돼지 저금통과 은행에 선 긴 줄을 떠올리게 하지만, "재테크"라는 말을 들으면 왠지 선크림 냄새가 나고 요트의 선체에 살며시 부딪히는 파도 소리가 들리는 듯하다.

성경은 돈에 대해 많은 말을 하지만 그렇다고 나쁜 소식만 전하는 것은 아니다.

예를 들어 구약성경에서 추수 축제에 대한 신학적 토대를 제공해주는 것으로 보이는 한 단락을 살펴보자. 모세를 통해 여호와께서 이스라엘 백성에게 이르시기를, 이집트의 노예 상태에서 그들을 구출하고 40년 동안 광야 길을 인도하셔서 좋은 것으로 가득 찬 땅을 그들에게 주신 그 하나님을 잊지 말라고 권고하셨다. 삶이 더 이상 힘들지 않고 편한 날이 계속될 때 늘 도사리고 있는 위험을 잘 아시는 하나님은 다음과 같은 경고의 말씀을 더하신다.

> 네가 마음에 이르기를, "내 능력과 내 손의 힘으로 내가 이 재물을 얻었다" 말할 것이라. 그러나 네 하나님 여호와를 기억하라. 그가 네게 재물 얻을 능력을 주셨음이라. 이같이 하심은 네 조상들에게 맹세하신 언약을 오늘과 같이 이루려 하심이니라.[1]

부를 일굴 수 있는 능력은 하나님이 주신 선물이다. 돈 버는 특별한 기술이 있지만 그로 인해 죄책감에 시달리는 사람들은, 이 점을 깨달으면 해방감을 맛볼 수 있다. 부의 창조는 경제적 지형의 필수적인 부분이고, 인간 공동체는 돈 버는 일을 잘하되 성실하게 해내는 사람들을 필요로 한다.

두 번째 예는 신약성경에서 찾을 수 있는데, 다음의 본문은 성경 전체에서 가장 잘못 인용되는 구절 중 하나다. 어떤 부분이 흔히 잘못 인용되는지 한번 찾아보라.

> 그러나 자족하는 마음이 있으면 경건은 큰 이익이 되느니라. 우리가 세상에 아무것도 가지고 온 것이 없으매 또한 아무것도 가지고 가지 못하리니, 우리가 먹을 것과 입을 것이 있은즉 족한 줄로 알 것이니라. 부하려 하는 자들은 시험과 올무와 여러 가지 어리석고 해로운 욕심에 떨어지나니, 곧 사람으로 파멸과 멸망에 빠지게 하는 것이라. 돈을 사랑함이 일만 악의 뿌리가 되나니, 이것을 탐내는 자들은 미혹을 받아 믿음에서 떠나 많은 근심으로 자기를 찔렀도다.[2]

"돈이 일만 악의 뿌리"라는 식의 말이 흔히 들리는데 결코 그렇지 않다! 돈은 중립적인 것이며 병원을 짓는 데 쓰일 수도 있고 핵무기를 만드는 데 사용될 수도 있다. 돈을 어떻게 사용할지 결정하는 것은 그것을 통제하는 손이다. 젊은 목회자에게 이 글을 쓴 바울은 돈 자체에 대해 가치 판단하고 있지 않다. 다만 물질을 지나치게 사랑할 경우, 돈이 우리를 혼미하게 만들 수 있다고 경고하는 중이다. 온갖 악의 뿌리에 해

당하는 것은 돈 자체가 아니라, 돈에 대한 사랑이다. 마약 갱단, 중역실을 둘러싼 싸움, 조직범죄, 회사의 사기 행각 등은 모두 공통의 뿌리, 곧 돈에 대한 사랑에서 나오는 것이다.

성경의 여러 부분이 그렇듯 방금 앞에서 인용한 두 단락도 나란히 함께 존재하는 두 진리를 가르치고 있는 만큼, 양자의 균형을 유지할 필요가 있다. 부를 창조하는 능력은 하나님에게서 오지만, 돈을 너무 사랑한 나머지 파멸에 이르지 않도록 주의할 필요도 있는 것이다.

Key point

부를 일구는 능력은 하나님에게서 오지만, 부를 신격화하면 고통만 얻을 뿐이다.

전도서는 일꾼에게 닥치는 다른 몇 가지 유혹도 경고하고 있다.

의미

전통적으로 전도서는, 전설적인 부와 지혜를 소유했던 솔로

몬 왕의 작품으로 알려져 있다. 하지만 솔로몬보다 후대에 나온 어떤 저자가 자신의 논점을 보강하기 위해 이 위대한 왕의 생애를 실례로 사용했을 가능성도 있다.[3] 많은 지면을 할애해가며, 저자는 인생을 열심히 그리고 정직하게 고찰한다. 물론 일의 세계까지 포함해서 말이다. 이 책은 기본적으로 하나의 장대한 설교이며, "전도서"(Ecclesiastes)라는 단어 또한 "전도자"(preacher)로 번역될 수도 있다.[4] 이 책의 전도자는 하나의 주요한 텍스트를 갖고 있는데 설교의 초두에 그것을 선포하고 있다.

> 전도자가 이르되
> "헛되고 헛되며 헛되고 헛되니
> 모든 것이 헛되도다."[5]

우울증에 시달리는 사람의 넋두리가 아니다. 지금 저자는 아주 뚜렷한 논리를 전개하고 있다. 하나님이 없는 인생은 결국 헛되다는 진리가 바로 그것이다. 리처드 도킨스가 많은 책을 팔고 상당한 추종자를 갖고 있을지는 몰라도, 성경은 다수가 좇는 저 무신론의 길이 결국은 막다른 골목에 부딪힐 뿐이라는 선고를 내린다. 전도자는 실생활의 경험을 예로 들어 이런 결론을 뒷받침하고 있다. 그는 보람 있는 삶의 비결이 다음과 같은 것에 숨어 있는 줄 알고 그것들을 열심히 추구했으나 모두 헛수고였다고 말한다.

- 지혜와 지식[6]
- 즐거움[7]
- 프로젝트[8]
- 돈과 소유물[9]
- 섹스와 인간관계[10]

> 무엇이든지 내 눈이 원하는 것을 내가 금하지 아니하며
> 무엇이든지 내 마음이 즐거워하는 것을
> 내가 막지 아니하였으니
> 이는 나의 모든 수고를 내 마음이 기뻐하였음이라.
> 이것이 나의 모든 수고로 말미암아 얻은 몫이로다.
> 그 후에 내가 생각해 본즉 내 손으로 한 모든 일과
> 해 아래에서 무익한 것이로다.[11]

의미를 찾으려는 저자의 노력 속에는 일의 세계도 들어 있다. 그는 하나님 없이 하는 일과 하나님과 함께 하는 일을 서로 대조시킨다.

하나님 없이 하는 일

단도직입적으로 말하자면, 하나님 없이 하는 일은 한 마디로 괴로움이라고 전도자는 말한다.

> 이러므로 내가 사는 것을 미워하였노니, 이는 해 아래에서 하는 일이 내게 괴로움이요, 모두 다 헛되어 바람을 잡으려는 것이기 때문이다.[12]

전도자는 이런 결론에 도달하게 된 세 가지 이유를 이야기하고 있다.

1. 죽을 때 재산을 가지고 갈 수 없다

> 내가 해 아래에서 내가 한 모든 수고를 미워하였노니, 이는 내 뒤를 이을 이에게 남겨 주게 됨이라.[13]

"수의(壽衣)에는 주머니가 없다"는 스페인 속담이 있다. 많은 돈을 모으는 데 인생을 바쳤으나, 이승에서 저승으로 마지막 발걸음을 옮길 때는 모든 것을 두고 가야 한다.

2. 그토록 열심히 수고해서 쌓은 재산을 다른 누군가에게 남겨주게 된다

저자는 고된 노력으로 얻은 열매를 모두 물려받는 자들이, 그것을 귀하게 여기거나 제대로 사용하지 않을지도 모른다는 생각 때문에 무척 고민했다.

> 그 사람이 지혜자일지 우매자일지 누가 알랴마는 내가 해 아래에서 내 지혜를 다하여 수고한 모든 결과를 그가 다 관리하리니, 이것도 헛되도다.[14]

3. 인생은 동분서주하면서 살 만한 가치가 없다

얼핏 듣기에 맥빠지는 얘기지만, 전도자는 하나님의 차원이 배제된 일은 아무 의미도 없다고 결론 내린다.

> 사람이 해 아래에서 행하는 모든 수고와 마음에 애쓰는 것이 무슨 소득이 있으랴? 일평생에 근심하며 수고하는 것이 슬픔뿐이라 그의 마음이 밤에도 쉬지 못하나니, 이것도 헛되도다.[15]

이 대목을 읽다가 나는 전도자의 설교 도중에 끼어들어 질문 공세를 퍼붓고 싶은 마음이 들었다. 아니, 그러면 무신론자는 자기 일을 즐길 수 없다는 말인가? 종교적 신앙이 없는 이들은 모두 우울증에 빠져야 하는가? 하지만 그런 질문 끝에 나는, 전도자가 나 같은 사람들이 인생과 일에 대해 반성할 기회를 갖도록 자신의 인생 여정에서 발견한 것을 얘기하고 있구나 하는 깨달음을 얻었다.

마크 그린은 이렇게 말한다.

> 24시간 움직이는 사회. 밤 10시까지 이어지는 근무, 백화점에서 산 전자레인지용 음식, 밤 12시에 인터넷에서 대출받을 곳 검색, 새벽 2시에 이메일 체크. 사람과 관계 맺을 시간은? 새벽 2시에서 5시 15분 사이에 빈 시간이 있을지도 모르겠다.[16]

아니, 승진하면 할수록 점점 더 모든 일이 빠르게 돌아가는 이런 미친 세계에 몸담는 것이 성공의 징표란 말인가?

빈스 포스터는 빌 클린턴의 백악관 보좌관이자 대통령의 오랜 친구였다. 1993년 그가 자살했을 때 언론은 포스터가 한동안 우울증에 시달렸다고 공식 발표했지만 그 후로도 수다한 억측은 끊이지 않았다. 죽기 얼마 전 아칸소 주립대학 법학 대학원의 졸업식 강연에서, 그는 다음과 같이 말했다.

> 가족에 대해 한마디 하겠습니다. 이미 여러분은 개인 생활은 접어두고, 오랜 시간 열심히 일할 의향이 있는 성취형 인간임을 충분히 증명했습니다. 하지만 죽기 직전 아무도, "내가 사무실에서 더 많은 시간을 보냈더라면 좋았으련만" 하고 말하지는 않는다는 이야기가 생각납니다. 여러분의 직장 생활과 가정 생활의 균형을 지혜롭게 맞추십시오. 여러분이 복을 받아 자녀를 갖게 된다면, 여러분의 부모님은 "자식은 금방 자라서 네가 모르는 사이에 떠나간다"고 경고해 줄 것입니다. 나도 진짜 그렇다고 증언할 수 있습니다. 하나님은 우리에게 자녀들과 동화책을 읽고 낚시를 가고 캐치볼을 하고 함께 기도할 수 있는 기회를 일정한 횟수만 허락할 뿐입니다. 이 가운데 어느 하나라도 놓치지 않도록 애쓰십시오. 사무실은 기다릴 수 있습니다. 여러분의 자녀가 떠난 뒤에도 거기에 그대로 있을 것입니다.[17]

사무실은 당신을 기다릴 수 있습니다. 여러분의 자녀가 떠난 뒤에도 거기에 그대로 있을 것입니다.

하나님과 함께 하는 일

처음으로 컬러 텔레비전을 보았던 때가 아직도 기억난다(이 걸 생각하다 보니, 처음으로 흑백 텔레비전을 시청했던 때도 떠오른다). 컬러가 사물을 생생한 모습으로 만들어주었기 때문에 텔레비전 시청의 경험 자체가 완전히 변했다.

전도서 저자는 하나님의 차원과 함께 일하는 경험이, 마치 흑백 세계에 컬러를 선사하는 것과 같다고 설명한다. 그 이유로 다음과 같은 세 가지를 들고 있다.

1. 하나님과 함께 하는 일은 만족감을 줄 수 있다

> 사람이 먹고 마시며 수고하는 것보다 그의 마음을 더 기쁘게 하는 것이 없나니.[18]

일에서 성취감을 얻고자 하는 마음은 나쁜 게 아니다. 실로 성취감은 하나님에게서 오는 것이라고 말할 수 있다. 이미 이 책 제1장에서 살펴보았듯, 창조주 하나님도 일을 끝내고 뒤로 물러서서 만족감을 맛보셨다. 우리도 그분의 형상으로 지어진 만큼 일에서 성취감을 찾는 것은 당연한 일이라고 하겠다. 그런 만족감을 느끼는 것이 인간다움의 한 면모다.

2. 일은 하나님에게서 온 선물로 간주되어야 한다

위에서 인용한 구절은 다음과 같은 문장으로 끝난다.

> 알고 보니, 이것도 하나님이 주시는 것. 그분께서 주시지 않고서야, 누가 먹을 수 있으며 누가 즐길 수 있겠는가?[19]

이 구절을 읽으면 우리가 과연 일을 하나님에게서 온 선물로 본 적이 있는지 자문하게 된다.

이탈리아의 테너 가수 루치아노 파바로티가 오페라를 일반 청중에게 보급하게 된 계기는, 그가 1990년 월드컵 결승의 주제곡으로 부른 푸치니의 "네순 도르마" 덕분이었다. 천상의 목소리를 가진 이 가수는 수많은 사람을 감동시켜 대중으로 하여금 클래식 음악 속으로 첫 발을 떼도록 만들었다. 한 텔레비전 인터뷰에서 그는 자기의 성공 요인을 감명 깊게 설명했다. "하나님께서 내 성대에 키스하셨기 때문이죠." 이것이 바로 일을 하나님에게서 온 선물로 간주한다는 말의 의미다.

3. 일은 우리를 인간으로서 성숙하게 한다

어릴 적 윗사람에게 물려받은 너무 큰 바지를 입는 순간, "너도 금방 클 거야"라는 소리를 듣던 것이 지금도 기억난다. "왜 내게 딱 맞는 옷을 지금 가질 수 없는 거지?" 하는 의문이

머릿속에 뱅뱅 돌았다.

전도자는 일을, 우리가 귀한 재목으로 자라도록 하나님이 사용하는 도구로 보았다.

> 하나님은 그가 기뻐하시는 자에게는 지혜와 지식과 희락을 주신다.[20]

지혜는 노련한 삶을 사는 데 필요하고, 지식은 인생에 대한 이해를 깊게 해주며, 희락(행복)은 우리 모두가 갖고 싶어하는 것이다. 저자에 따르면 이 세 가지는 하나님이 일의 경험을 통해 줄 수 있는 선물들이다. 좋은 환경에서 일하는 것은 우리가 인간으로서 성숙하도록 도울 수 있다.

Key point

"하나님 없이 하는 일"은 그 자체로 만족스런 결과를 주지 못할 수 있다.

"하나님과 함께 하는 일"은 우리를 성숙하도록 돕는, 하나님에게서 오는 선물로 봐야 한다.

우리가 하는 일에서 성취감을 맛보는 것

몇 년 전에 일련의 질문을 받은 적이 있는데, 나는 그것을 기록해서 보관해놓았다. 지금도 때때로 그 질문들을 뒤돌아보며 자신을 점검하고 반성한다.

> 나는 지금 무엇을 하고 있는가?
> 나는 왜 그 일을 하고 있는가?
> 나는 어떻게 그 일을 하고 있는가?
> 나는 누구를 위해 그 일을 하고 있는가?

이런 나의 얘기가 당신에게는 의외로 느껴질지 모르겠다. 가장 우선순위의 문제를 따질 필요가 없는 사람이 목사라고 여겨왔을 테니까 말이다. 그러나 기독교 사역을 포함하여 어느 분야에서든, 한 번 초점을 잃으면 그로 인해 방향성과 추진력도 금방 잃어버리게 된다.

이제 어떤 형태를 막론하고 우리가 하는 일을 점검하고, 그 일에서 더 큰 성취감을 맛볼 수 있도록 돕는 몇 가지 방안을 제안하고 싶다.

일은 예배가 될 수 있다

한번은 인도의 한 공항 라운지에서 비행기를 기다리고 있는

데, 밝은 오렌지색 티셔츠를 입은 큰 규모의 여행객들이 출입문 쪽에 나타났다. 그들은 어떤 아시람(힌두교인들의 수행장소)에서 유명한 구루의 발아래 앉아 몇 주간을 보낸 뒤 집으로 돌아가는 중이었다. 대다수가 삼십대로 보이는 유럽 사람들로, 귀중한 휴가 기간을 인도의 성인을 만나는 순례에 사용한 것이었다. 그 티셔츠에는 다음과 같은 표어가 크게 적혀 있었다.

| 일은 곧 예배다.

일은 곧 예배다.

이 슬로건은 수양회의 주제였거나 구루의 가르침에서 뽑은 소중한 금언이었을 것이다. 어쨌든 나는 그 문구가 성경신학의 일면을 요약하고 있음을 알아차렸다.

바울은 로마에 있는 그리스도인들에게 이런 격려의 글을 보냈다.

> 그러므로 형제들아, 내가 하나님의 모든 자비하심으로 너희를 권하노니 너희 몸을 하나님이 기뻐하시는 거룩한 산 제물로 드리라. 이는 너희가 드릴 영적 예배니라. 너희는 이 세대를 본받지 말고 오직 마음을 새롭게 함으로 변화를 받아, 하나님의 선하시고 기뻐하시고 온전하신 뜻이 무엇인지 분별하도록 하라.[21]

여기서 "영적 예배"(spiritual act of worship, NIV)는, 다른 번역판에서는 "합당한 예배"(reasonable service)로 번역되어 있다. 오늘날 기독교 문화는 "예배"를 찬양과 기도를 가리키는 말로 사용할 때가 많은데, 실은 그보다 더 넓은 의미를 갖고 있다. 예배란 우리가 하는 일을 포함하여 우리 존재 전체로부터 나오는 것을 성부, 성자, 성령 하나님께 드리는 것을 뜻한다.

이 장의 제목은 16세기 종교개혁의 선구자였던 마르틴 루터(1483-1546)로부터 빌려온 것이다. 그는 현실에 깊이 뿌리박은 설교가로 유명했다. 교인 중 다수가 농장 일꾼이었기 때문에 루터는 수차례에 걸쳐 "하나님은 당신을 통해 소젖까지 짜십니다"라고 말한 것으로 전해진다. 그렇게 해서 농장 일꾼들이 소젖을 짜는 것처럼 매일 반복되는 일도 거룩한 의미를 가질 수 있음을 깨닫기 바랐던 것이다.

내 친구 리즈는 고등학교 교장으로 처리해야 할 일이 매우 많은 바쁜 삶을 살고 있다. 한번은 어느 선생에게 징계를 내려야 할 어려운 상황이라며 내게 기도를 부탁했다. 자칫하면 그 선생의 경력을 망칠 수도 있는 중대한 경우였기에, 우리는 함께 얘기를 나누고 기도했다. 그때 나는 리즈가, 그리스도의 제자로서 어려운 일조차 예배로 만들려고 열심히 노력하는 신자라는 인상을 받았다. 그녀는 일을 바르게 처리하고 싶었던 것이다. 다름 아닌 하나님의 영광을 위해서 말이다.

만족감은 하나님이 주시는 감정이다

크리스는 처음으로 법을 어긴 청소년 범죄자들을 위해 일하고 있다. 그가 맡은 일은 멘토와 친구 역할을 하면서 가능한 한 그 어린 초범들이 범죄에서 손을 끊도록 선도하는 것이다. 사람들의 삶에 개입하는 일은 본래 복잡하고 번잡하기 마련이다. 크리스가 돌보는 십대 중 다수는 중독의 문제를 안고 있고 이혼 가정 출신인 경우가 많아서 더욱 그러하다.

나는 크리스에게 종종 법정에도 나타나지 않는 "막 나가는" 아이들을 날마다 다루어야 할 텐데, 그런 일을 하면서 어떻게 만족감을 얻는지 물어보았다. 그는 이런저런 일을 성취했을 때 그나마 보람 있는 주간을 보냈다고 느낀다면서 몇 가지 기준을 말해주었다. 이 관대한 남자는 큰 보너스를 받을 때가 아니라, 다른 사람들의 삶 속에 아주 작은 진보만 보여도 보람을 느끼는 그런 훌륭한 사람이었다.

크리스와의 대화에서 배운 것은, 성취감을 주는 결과를 보기 힘든 문제 청소년 선도 같은 일에 관여하고 있을 때는 일의 만족도를 측정하는 나름의 방법이 필요하다는 사실이었다.

일은 이 세상이 원활하게 돌아가게 해준다

피트는 어느 제조 회사에서 많은 직원을 관리하고 있다. 그리고 자신의 결정이 많은 사람의 생계에 영향을 미친다는 사실도 알고 있다. 그는 치열한 경쟁 시장에서 회사가 살아남도록 열심히 일한다. 날마다 일하러 가는 동안 오늘도 지혜로운 결정을 내리고 까다로운 사람들을 너그럽게 대하게 해달라고 간구하면서 하루를 하나님께 맡긴다.

직무 만족도에 관해 물으면 회사의 발전이 자기를 기분 좋게 만든다고 응답한다. 특히 자기가 그 발전에 일익을 담당했음을 알게 되면 더욱 만족스럽다고 한다. 뿐만 아니라, 지역 공동체 주민에게 일자리를 주고 재정적으로 지역 경제에 기여한다는 사실도 만족감의 근원으로 꼽는다.

피트는, 우리가 일을 할 때만 세상이 제대로 돌아간다는 사실을 파악한 것이다. 세상을 돌아가게 하기 위해서 모두가 최고 간부가 되어야 할 필요는 없다. 평범한 일을 하는 평범한 사람도 그런 역할을 하고 있다.

우리는 그리스도의 대리인으로 일하고 있다

루시는 놀이방에서 일주일에 나흘, 오전에 일한다. 첫 아이의 출산을 앞두고 시작한 놀이방 보모 일을 벌써 11년 째 계속하고 있는 것이다. 또한 지금은 동네의 많은 가정을 돕는 놀이방 책임자로도 섬기고 있다. 이 가정들 중 많은 숫자가 편부편모 가정이기 때문에, 루시는 취학 전 아동을 돌보는 일뿐 아니라 그들 부모의 문제에도 관여하게 되었다.

교회에서 운영하는 놀이방은 아니지만 루시는 비교적

자유롭게 신앙에 대해 얘기하곤 한다. 이처럼 친구 관계도 맺고 격려도 하다 보니 몇 가정은 교회에 출석하기 시작했고, 누군가 당장 도움이 필요할 때는 루시가 나서서 돕는 일이 몸에 배게 되었다.

어디서 만족감을 얻느냐고 루시에게 물어보면 사람들을 돕는 데서 느낀다고 대답한다. 그녀는 매일 아침 일어나 예수님을 대신한 특별 대리인으로 일하러 가는 셈이다.

이제까지 나는 일에서 만족감을 얻을 수 있는 네 가지 방안을 제안했다. 여기에 당신이 덧붙이고 싶은 것이 있을지도 모르겠지만, 어쨌든 중요한 것은 이런 목록을 갖고 있는 것이다.

Key point

우리가 하는 일에서 성취감을 맛볼 때는,

일이 예배가 될 수 있다는 점을 인식하고

일의 만족감은 하나님이 주시는 감정임을 인정하고

일이 이 세상을 원활하게 돌아가게 해주는 것임을 깨닫고

우리가 하는 일을 통해 세상에서 그리스도의 대리인으로 살 수 있음을 알 때이다.

어느 쾌청한 여름 저녁 무렵 한 어부가 파이프를 문 채 부둣가에 서 있었다. 이제 막 태양이 서쪽으로 넘어가는 가운데, 그는 벽에 살짝 몸을 기대고는 술 한 잔을 들이켰다.

휴가차 그곳을 방문한 한 사업가가 어부에게 말을 걸었다. "오늘은 고기 잡으러 가지 않나요?"

"오늘 저녁에는 안 갑니다" 하고 어부가 대답했다. "오늘 아침에 나가서 필요한 만큼 모두 잡았으니까요."

사업가 : "하지만 또 나가면 더 잡을 수 있잖아요?"

어부 : "왜 그래야 하나요?"

사업가 : "그러면 더 큰 배를 살 수 있지요."

어부 : "무엇 때문에요?"

사업가 : "그러면 더 많은 고기를 잡을 수 있고 가게를 더 크게 발전시킬 수 있잖아요. 여러 척의 배를 살 수도 있고 많은 어부를 고용할 수도 있겠지요."

어부 : "그건 또 무엇 때문이죠?"

사업가 : "그러면 느긋하게 인생을 즐기며 세상이 돌아가는 걸 구경할 수 있을 겁니다."

어부의 최종적인 대답은 이러했다.

"당신이 보기에 지금 내가 무얼 하고 있는 것 같습니까?"

이 장의 초두에서 살펴본 것처럼, 참으로 자족하는 마음이 있으면 경건은 큰 이익이 되는 법이다. 부둣가 벽에 몸을 기댄 채 곰곰이 묵상할 만한 진리라고 할 수 있겠다.

더 생각할 문제

[1] 신명기 8:17-18과 디모데전서 6:6-10을 읽으라. 이어서 다음의 진술을 깊이 생각해보라. "성경의 여러 부분이 그렇듯 방금 인용한 두 단락도 나란히 함께 존재하는 두 진리를 가르치고 있는 만큼, 양자의 균형을 유지할 필요가 있다. 부를 창조하는 능력은 하나님에게서 오지만, 돈을 너무 사랑한 나머지 파멸에 이르지 않도록 주의할 필요도 있는 것이다." 당신은 이 말에 대해 어떻게 생각하는가? 이는 당신이 갖고 있는 재물에 대한 관점에 어떤 영향을 주는가?

[2] 전도서의 저자는 일의 세계—하나님과 함께 하는 일과 하나님 없이 하는 일—에 대해 어떻게 생각하는가? 이 관점을 당신이 평소 갖고 있던 생각과 비교해 보라.

[3] 당신은 현재 하고 있는 일에서 어떤 보람을 느끼는가?

9. 내게 맞는 직업은 그 어디에?

한 남자가 내게 말을 걸려고 모임이 끝날 때까지 기다리고 있었다. 마침내 얘기를 나눌 순간이 되자 그는 느닷없이 흑백 사진 한 장을 꺼내더니 이렇게 묻는 것이었다. "혹시 이 사진에 아는 사람이 있는지 보실래요?"

아주 옛날에 찍은 초등학교 합창단의 사진이었는데, 한가운데 촌스러운 뿔테 안경을 끼고 바가지 머리를 한 열두 살짜리 소년이 서 있었다.

바로 나였다.

설상가상으로 사진사는, 쉰 명 정도 되는 다른 아이들의 세련된 모습과는 대조적으로, 머리가 떨어져 나가도록 노래를 부르고 있는 나의 우스꽝스러운 모습을 포착했다. 내가 봐도 활동 과다증에 걸린 소년처럼 보였다.

친구가 그 사진을 집에 가져가라고 주는 바람에 온 식구가 한바탕 웃을 수 있었다. 가족들의 말처럼 각 사진은 나름의 이야기를 들려준다. 웃음이 가라앉은 뒤 아내는 내게 그 사진이 찍힌 순간을 기억하느냐고 물었다. 당시의 수많은 추억이 홍수처럼 몰려왔다.

내가 다닌 학교에는 훌륭한 합창단과 일류 음악 교사가 있었다. 우리는 전국 합창 대회의 결선에 진출해서 런던에 공연하러 갔던 터였다. 그러니까 친구가 건넨 저 문제의 사진은, 고향의 지역 신문「서리 코멧트」에 합창단의 활약에 대한 기사와 함께 게재되었던 것이었다. 내가 아내에게 사진에 나온 내 모습이 얼간이 같다고 하자, 아내는 늘 그랬듯 지혜를 발휘하여 통찰력 있는 말투로 응답했다. "아니에요. 당신은 얼간이 같은 모양이 아니라 열정이 넘치는 모습이에요."

나는 그 사진이 무엇을 보여주는지에 대해 많이 생각했다. 그때가 훌륭한 팀의 일원으로 활동한다는 것이 무엇인지를 의식한 내 최초의 경험이었던 것 같다. 열두 살 된 내 얼굴의 표정이 그것을 모두 말해주고 있었다. 하고 있는 일을 좋아하면서 최선을 다하고 있는 그런 모습 말이다. 나는 머리가 떨어져 나가도록 노래를 불렀고 매 순간 그것을 즐기고 있었다.

사진을 보면서 나는 또 다른 감정도 느꼈다. 바로 그 사진에 포착된 내 모습을, 지금 내가 하고 있는 일에서 찾고 싶다는 갈망 말이다. 즉 현재 하고 있는 일을 훌륭하게 수행하면서 능력의 최선을 다하는 동시에, 똑같은 비전을 품은 다른 이들과 나란히 그 일을 하고 있다는 사실을 알기에 오는 만족감을 다시 느끼고 싶다.

이 장은 나에게 잘 어울리는 일을 찾는 문제를 다루고 있다. 특히 영적 은사의 문제와 더불어 은사와 일상적인 일의 관계에 대해 살펴보려고 한다.

신앙과 일은 한 몸을 이룬다. 신앙과 일은 한 몸을 이루는 관계인데, 이는 그리스도인에게만 해당되는 것은 아니다. 다른 종교를 가진 이들도 그렇게 믿고 있다. 유대교의 경우는 안식일이 되면 모든 일을 제쳐놓는다. 일이 악한 것이어서가 아니라, 하나님이 정한 인생의 리듬에는 일할 때와 안식할 때가 있기 때문이다. 이슬람교의 경우 매년 라마단 기간 해 뜰 때부터 해 질 때까지 금식을 철저히 지키지만, 대다수의 신자들은 일하는 시간을 줄이지 않는다. 힌두교 역시 신앙과 일을 밀접하게 연관시킨다. 네팔 항공사의 경영진은 그런 철학을 실행에 옮기고 있다. 이 항공사 소속의 비행기 한 대가 자주 기계 고장을 일으키는 바람에 수천 파운드의 손해를 입히자, 힌두교의 신을 달래려고 염소 두 마리를 잡아 제물로 바쳤다고 한다.[1]

영적 은사에 대한 기독교적 견해는 이렇다. 하나님이 모든 자녀에게 특별한 재능을 주셔서 그리스도의 몸인 교회를 세우도록 하신다는 것이다. 그런데 이 은사들은 지역교회의 차원을 넘어 삶의 다른 영역에서도 그 기능을 발휘하는가?

나는 그렇다고 믿는다. 다만 때로 우리의 좁은 세계관이 그 용도를 제한할 수는 있지만 말이다. 이 장에서 우리는 다음 다섯 가지 질문에 대해 생각할 것이다.

- 영적 은사란 무엇인가?
- 이 은사들은 어디에서 오는가?
- 은사들은 어떻게 작동하는가?
- 나의 영적 은사(들)는 어떻게 발견할 수 있는가?
- 영적 은사와 나의 일은 어떻게 조화되는가?

영적 은사란 무엇인가?

이 주제와 관련해 가장 흔히 언급되는 성경 본문은 고린도전서 12장이다. 기독교 지도자인 바울은 이런 말을 한다.

> 은사는 여러 가지나 성령은 같다.[2]

여기서 바울은 "카리스마톤"(charismaton)이란 단어를 사용하는데, 우리 성경에는 "은사"로 번역되어 있다. 흔히 사용하는 "카리스마"와 "카리스마틱"이란 용어들도 같은 단어에 뿌리를 두고 있다. 이런 표현은 굉장히 재능 있고 역동적인 사람을 가리킬 때 사용된다. 그리스어 단어인 "카리스마"

(charisma)는 원래 은사(선물)라는 뜻을 갖고 있다. 이 단어는 일반적인 그리스어 저술에서는 별로 사용되지 않지만, 신약성경에는 유독 많이 나온다. 기독교적으로 사용될 때는 자격 없는 자가 값없이 받는 선물이란 개념으로 통한다. 그래서 어떤 이들은 "카리스마"의 진정한 뜻을 전달하기 위해 "은혜의 선물"(grace-gift)이란 표현을 사용하기도 한다.

신약성경은 여러 번에 걸쳐 다양한 은사를 열거하고 있다.[3] 성경에서 언급되는 은사들을 모두 합치면 스무 가지 정도가 되지만, 이 목록조차 모든 은사를 총망라하는 것은 아니라는 게 일반적인 견해다. 달리 말하면, 성경에 밝혀진 것보다 훨씬 더 많은 은사가 있을 수 있다는 뜻이다. 한 대중적인 저자는, 당신이 스물여덟 가지 은사 중 어떤 은사를 받았는지 발견하도록 돕기 위해 재능의 목록과 설문지를 개발한 바 있다.[4]

어쨌든 한 가지 사실만은 분명하다. 각 그리스도인은 예외 없이 한 가지 영적 은사를 갖고 있다는 것이다.[5] 때로 하나 이상을 갖고 있을 가능성도 있다. 간단히 말해 은사는 그리스도의 제자들을 구비시켜, 세상에서 그분의 일을 하도록 돕는다.

신약성경을 읽고 또 목사로서 관찰한 것을 종합할 때, 영적 은사는 이른바 기독교 활동에만 국한되지 않는다는 것이 나의 신념이다. 영적 은사는 일터에서도 그 기능을 발휘한다고 나는 믿는다.

영적 은사는 어디에서 오는가?

성경은 이 은혜의 선물이 하나님에게서 직접 온다고 분명히 밝히고 있다. 바울에 따르면 삼위일체 하나님이 모든 은사를 주는 일에 관여한다.

> 은사는 여러 가지나 성령은 같고, 직분은 여러 가지나 주는 같으며, 또 사역은 여러 가지나 모든 것을 모든 사람 가운데서 이루시는 하나님은 같으니.[6]

은사는 하나님의 백성에게 값없이 주어지는 것이지만, 결국 어떤 것이 주어질지는 우리의 결정 사항이 아니다. 우리가 살펴보았듯이 성령의 은사는 주님을 효과적으로 섬기라고 주어지며, 이는 성령의 열매가 순종하는 삶으로 말미암아 자라는 것과 마찬가지이다.[7]

성령의 열매는 그리스도의 성품이 우리 속에 빚어지는 것과 관련이 있다. 즉 우리로 하여금 예수님을 닮도록 하기 위함이다. 한편 성령의 은사는 그리스도의 일이 우리를 통해 이루어지는 것과 관련이 있다. 즉 우리로 하여금 예수님처럼 행하게 하기 위함이다.

성령의 은사가 부여되는 방법에는 두 가지가 있는 것 같다. 주님은 우리에게 전혀 없는 것을 주시기도 하지만, 대부분의 경우 우리에게 이미 있는 것에 손을 대어 발전시킨다.

"아예 없는 것을 주신다"는 말은 한 사람의 삶에 급진적 변화가 발생한다는 뜻이다. 어떤 은사가 당사자의 인생 경험과 전혀 상관없이 주어지는 경우다. 이를테면 기도할 마음이 전혀 없는 사람이 갑자기 깊은 연민에 사로잡혀 사람들의 필요를 하나님께 아뢰는 능력이 생기는 경우다. 또 선천적으로 수줍음을 타던 사람이 별안간 자신감 넘치는 인물로 돌변하여 청소년 그룹을 인도하고 가르치는 직분을 갖게 되는 경우도 있다.

"이미 있는 것에 손을 대는" 경우는 조직 능력이나 음악이나 손님 접대 등의 분야에 타고난 재능이 있는 사람들을 가리킨다. 그들이 자기 능력을 하나님께 돌려드리면, 그분은 거기에 손을 대셔서 그들로 개인적인 차원을 뛰어넘어 사용하게 만드신다.

나는 지역교회의 지도자요 목사로서, 사람들이 너무 성급하게 결론을 내리는 것을 자주 본다. 가령 교인들에게 직분을 맡길 때 그저 타고난 재능에 따라 일을 맡기곤 하는 것이다. 먼저 그 은사를 하나님께 돌려드린 뒤 그것이 현재 잘 사용되고 있는지 여부를 깊이 생각하지 않은 채, 성급히 직분을 주는 것이다. 예를 들어 단지 회계사라는 이유로 프랭크를 재정 담당에 임명하는 것은 결코 바람직한 처사가 아니다. 물론 필요한 기술을 가진 사람을 임명하는 일은 현명한 조치이긴 하지만, 교회 재정을 다루는 사람은 수치를 정확히 기재하는 능력 이상을 갖고 있어야 한다. 내 경험으로는 성숙한 신앙과 너그러운 마음과 하나님 나라에 입각한 전략적인 사고 능력이 그런 사역을 하는 데 꼭 필요한 세 가지 요소다.

Key point

- 영적 은사는 하나님에게서 온다.
- 각 그리스도인은 적어도 한 가지 은사를 갖고 있다.
- 우리에게 은사를 주신 목적은 효과적으로 섬기도록 하기 위함이다.

영적 은사는 어떻게 작동하는가?

영적 은사는 평범한 일상 속에서 작동하는데, 그러기 위해서는 하나님을 향해 열린 마음으로 하루를 영위하는 태도가 필요하다. 실례를 들어보자. 언젠가 교인 가운데 치매로 고생하는 아내를 돌보고 있는 노인을 방문한 적이 있었다. 그날은 그분 하루의 시작이 영 좋지 않아 보였다. 아내를 씻기고 옷을 입혀야 하는데 그녀가 전혀 협조하지 않았던 것이다. 잠시 동안이지만 노인은 완전히 절망감에 압도되었다. 아마 앞으로도 상황이 나아질 기미가 전혀 보이지 않았기 때문이리라.

그런데 오전 8시에 그 노인의 전화벨이 갑자기 울렸다. 바로 조이였다. 그녀는 출근하던 중 전화를 하고픈 강한 충동을 느꼈다고 한다. 조이가 한 것이라곤 5분간의 대화, 격려, 짧은 기도, 나중에 다시 전화하겠다는 약속이 전부였지만, 그게 바로 그 순간 절망에 빠진 노인이 필요로 하던 모든 것이었다. 나중에 조지, 그 노인은 내게 그날의 기적을 얘기해주었다. 흥미롭게도 조이는 습관처럼 자주 이런 일을 행한다. 습관이라기보다 은사라고 하는 편이 낫겠다. 그녀는 자비로운 행동을 하는 격려자요 목자와 같은 사람이다.

조이의 경우처럼 영적 은사가 일상에서 작동하는 방식은 다음 세 단어로 요약될 수 있다. 열린 자세, 기회, 순종.

"열린 자세"는 일하는 시간을 포함해 우리 모든 것을 하나님께 기꺼이 드리려는 태도다. 처음에는 조이도 자신에게 특별한 격려의 은사가 있는 줄 몰랐다. 하지만 친구로서 격려의 말을 한마디 했을 뿐인데 그 이상의 효과가 자주 나타나는 것을 보고, 자신의 은사에 대해 깨달았던 것이다. 그녀는 하나님이 영적 은사를 주셨고 또 그것을 사용하기 원하신다는 것을 이해했다. 그때부터 장차 일어날 일을 기대하는 마음으로 믿음 안에서 열린 자세로 살기 시작했다.

"기회"는 하나님의 음성을 들으며 그분이 위탁하신 은사를 사용할 수 있는 길을 모색함을 뜻한다. 이는 기도로 하나님께 하루하루를 의탁할 뿐만 아니라, 사람을 만날 때 영적 민감성을 유지하려고 애쓰는 일도 포함한다.

"순종"은 기회가 찾아왔을 때 그분이 우리에게 말씀하시는 대로 행하는 일이다. 앞에서 이미 성속 이분법적 인생관의 문제점을 언급한 바 있다. 만일 영적 은사가 교회 안에서만 작동할 수 있다고 믿는다면, 우리는 스스로 하나님이 할 수 있는 일과 할 수 없는 일을 제한하는 셈이다. 만일 하나님께서 어떤 은사를 우리에게 위탁하기로 정하셨다면 이는 우리 삶의 모든 영역과 연관된다. 물론 은사를 사용할 때는 늘 분별력을 행사할 필요가 있지만 말이다.

Key point

영적 은사를 사용하기 위해서는 다음 요소들이 필요하다.

- **열린 자세 — 나는 기꺼이 내 은사가 사용되기를 바란다.**
- **기회 — 나는 내 은사를 사용할 수 있는 길을 모색하고 있다.**
- **순종 — 나는 내 은사를 사용할 준비를 갖추고 있다.**

나는 어떻게 나의 영적 은사(들)를 발견할 수 있는가?

인터넷 검색 엔진을 이용하면, 이 질문에 대한 응답을 도와주는 다양한 온라인 설문을 찾을 수 있을 것이다. 그러나 우리의 은사를 발견하도록 하나님이 마련하신 최고의 장소는 무엇보다도 지역교회 공동체다. 그리스도를 따르는 자들로 구성된 가족의 일원인 우리에게는, 그곳이 바로 소명과 은사를 탐구할 일차적인 장소다.

이를 위해 동시에 탐구할 필요가 있는 삼중 노선은 다음과 같다.

- 하나님께 여쭈어라.
- 다른 사람들에게 문의하라.
- 너 자신에게 물어보라.

"하나님께 여쭈어라"는 너무 당연한 소리로 들릴 것이다. 기도하는 것과 성경이 영적 은사에 대해 무엇을 말하고 있는지 공부하는 것이 출발점이 되어야 한다. 성경은 은사를 "사모하라"고 말하고 있으므로,[8] 은사에 대해 묻는 시도는 하늘이 도우실 것임에 틀림없다.

"다른 사람들에게 문의하라"는 말은 우리를 가장 잘 아는 이들의 지혜를 중요하게 여기라는 뜻이다. 같은 소그룹의 멤버, 교회 지도자, 시간을 함께 보내는 친구 등이 그런 사람들이다. 그들이 우리 갈 길을 보여줄 것으로 기대해서가 아니라, 우리 스스로 갈 길을 볼 수 있도록 그들의 도움을 구하라는 말이다.

"너 자신에게 물어보라"는 말은 스스로에게 몇 가지 중요한 질문을 던져보라는 뜻이다. 가령 "내가 능숙하게 해내는 일은 무엇인가?", "내가 제일 좋아하는 일은 무엇인가?", "내가 잘 하는 일은 무엇인가?", "내가 성취감을 느끼고 하나님의 기쁨을 감지하는 순간은 언제인가?" 등등.

이 삼중 노선을 따라 열심히 탐구하면 마음속에 대충 어떤 그림이 그려질 것이다. 다음 단계는 당신의 은사를 사용하기 시작하면서 무슨 일이 일어나는지를 관찰하는 것이다. 만일 손님 접대의 은사가 있다고 생각되면 사람들을 집으로 초대해서 식사를 대접해보라. 격려의 은사라면 격려가 필요한 이들의 목록을 만들기 시작하라. 만일 당신의 은사가 행정 업무에 있다면 혹시 주변에 온갖 일에 치여 헤매는 사람이 있는지 둘러보고 그를 도와주라.

여기서 한 가지 주의할 점이 있다. 다름 아니라 열망과 성취는 서로 다르다는 점이다. 다른 교회 지도자들과 얘기해본 결과, 이 대목은 무척 민감하면서도 실제에 있어 꼭 짚고 넘어가야 할 문제임을 확인할 수 있었다. 어떤 교인들은 무언가를 잘하고 싶은 열망도 있고 스스로 그 일에 은사가 있다고 확신하지만, 다른 사람들 보기에는 그런 은사가 없음이 뻔히 보이는 경우가 있다. 정말 이상한 것은 음악을 둘러싸고 자주 이런 문제가 생긴다는 것이다. 예를 들어 누군가 스스로는 훌륭한 목소리를 가졌다고 믿지만 실제로 그의 노래를 들어본 사람은 누구나, 그 목소리는 예배 시간에 성가대에서보다는 샤워할 때 사용하는 게 낫겠다고 여기는 경우다. 또 다른 이는 간절히 주일학교 교사가 되고 싶어하지만, 대화를 할 때 횡설수설하는 등 가르치는 은사가 없는 게 분명한 경우도 있다.

내 마음의 염려거리 한 가지를 고백하고 싶다. 교인들이 이런저런 봉사를 하겠다고 자원할 경우, 은사가 없다고 거절하면 그들이 상처를 받을까 봐 차마 정직하게 말하지 못하는 경우가 종종 있다. 하지만 내가 경험을 통해 어렵게 깨달은 점은, 그런 상황에서는 정직이 최선의 정책이라는 사실이다. 언젠가 골프 선생에게 아무래도 골프 선수가 될 잠재력이 없는 학생을 만나면 어떻게 하느냐고 물어본 적이 있다. 그는 미소를 머금더니 "나는 오래전에 하나님이 빼놓은 것을 내가 집어넣을 수는 없다는 것을 배웠지요" 하고 응답했다.

은사야말로 필수적이다.

> **Key point**
>
> 나의 영적 은사(들)를 발견하는 최고의 방법은 내가 속한 기독교 공동체 내에서
> - 하나님께 여쭈어보고
> - 다른 사람들에게 문의하고
> - 나 자신에게 물어보는 것이다.

영적 은사와 나의 일은 어떻게 조화를 이루는가?

만일 당신이 온전히 성과 속의 모든 영역을 통합하는 인생관을 갖고 있다면―나는 신약성경이 이런 인생관을 가르친다고 믿는다―삶을 여러 구획으로 나눌 수는 없는 법이다. 만약 당신이 목회적인 심성의 은사를 받았다고 하자. 그렇다면 평소에는 전혀 그 은사를 사용하지 않다가, 정확히 화요일 저녁 소그룹이 시작되는 순간 그것을 꺼내드는 일은 불가능하다. 정말 그것이 당신의 은사라면 직장에서 화요일 오전 간식 시간에도 활용되어야 마땅하다. 은사라는 것은 마치 성경을 책장에 꽂아두듯, 어딘가에 올려놓았다가 모임 동안에만 잠깐 내려서 사용하는 것이 아니다.

그렇다고 지금 내가 무지와 믿음을 동일하게 보는 비현실적인 영성을 주장하는 것은 아니다. 우리는 예수님의 말씀처럼 "뱀 같이 지혜롭고 비둘기 같이 순결해질"[9] 필요가 있다. 되는 대로 어리석게 행동해서는 안 된다. 가령 복사기가 고장 났다고 거기에 손을 얹고 기도한다거나, 간식 당번이 누가 되어야 하는지에 대해 예언의 말씀을 선포하는 식의 행동은 피하는 게 좋다.

이제 성경에서 두 가지 본보기를 선택하고 나서, 하나님의 선한 은사가 어떻게 그분의 백성 가운데서 활용되는지를 보여주는 세 가지 실화를 소개할까 한다.

> 하나님이 누군가를 어떤 직책에 두셨다면, 그분은 분명 이루고자 하는 목적을 갖고 있다.

느헤미야는 영적 은사를 활용한 훌륭한 본보기다. 느헤미야서를 읽어보면 이 말이 무슨 뜻인지 알게 될 것이다. 그는 기도하고 계획하고 조직한 뒤에, 70여 년간 폐허로 있던 성벽을 불과 52일 만에 재건축했다. 이 목적을 이루기 위해 느헤미야는 유대 민족을 고무시키고 동원할 뿐 아니라 영적인 근육과 정치적 재능을 활용할 필요도 있었다.

느헤미야의 이름이 붙은 성경의 이 책을 읽을 때마다, 그의 다재다능함이 큰 도전으로 다가와 나는 겸손해지곤 한다. 그는 수많은 사람이 불가능하다고 포기할 만한 프로젝트를 과감히 출범시키는, 보기 드문 기업가의 재능을 보여주었다. 느헤미야는 놀랄 만큼 다양한 기술을 갖고 있었다.

사람들로 하여금 산적한 장애물을 뛰어넘도록 고무하는 그의 능력은 사실상 기적적인 것이었다. 하지만 정말로 "기적"이라고 불릴 만한 이유는 따로 있다. 느헤미야의 일기를 보면, 그는 한결같이 그런 업적들을 자기를 통해 이루신 분이 하나님임을 인정하고 있기 때문이다.

두 번째 본보기는 다니엘이다. 직무 중 어려운 일에 봉착할 때마다 영적 지혜의 은사를 충분히 활용한 인물이었기 때문이다. 그런 식으로 다니엘은 느부갓네살의 꿈을 하나님에게 받은 은사에 의지하여 해석할 수 있었다.[10]

이제 21세기로 돌아와 자신의 영적 은사를 일터에서 활용한 세 사람의 이야기를 들어보자.

쉴라는 중심가의 번잡한 병원에서 수술실 간호사로 일하고 있다. 그녀의 팀에는 세 명의 수간호사가 있는데, 쉴라가 그중 한 명이고 다른 두 명은 모두 남자다. 팀에 속한 나머지 간호사들은 대부분 여자들이어서 쉴라는 건강과 가정과 관련된 인력 관리 업무를 많이 처리해야 한다.

간호사로 일하던 초창기부터 쉴라는 자기 직업에 어떤 하나님의 목적이 있음을 깨달았다. 수간호사로 임명될 즈음 마침 에스더서를 읽고 있었는데, 그 가운데 한 구절이 특별히 가슴에 와 닿았다. 바로 "이 때를 위함이 아닌지 누가 알겠느냐"[11]는 말씀이었다. 쉴라는 자기 일을 생각하면서, 하나님이 그 직책을 주셨으며 이는 분명 이룰 목적을 위해서임을 인식하게 되었던 것이다.

쉴라와 함께 지내보면 그녀에게 여러 영적 은사가 있음을 확실히 알 수 있다. 그녀는 하나님이 주신 것이 분명한 배려심을 가졌고 격려하기를 좋아하며, 상황을 분별하는 지혜와 능력을 가지고 있다. 일터에서도 그녀의 재능을 높이 평가하는 칭찬이 자자한데, 목사인 나로서는 조금도 의외로 느껴지지 않는다. 사실 우리 교회에서도 그녀의 은사를 소중하게 여기지만, 쉴라가 자신의 은사를 교회에서만 활용하고 있지 않아 오히려 더 기쁜 마음이다. 교회에서만 제한되기에는 너무도 특별한 은사인 까닭이다.

톰은 유능한 벽돌공이다. 학교를 졸업한 뒤 줄곧 건축 현장에서 일해왔다. 그는 견습 기간이 끝나고 얼마 되지 않아 그리스도인이 되었고, 자기 신앙을 결코 숨기지 않았다. 톰은 자기가 속한 교회에서 열심히 활동하고 있으며 거기서도 건축 기술을 충분히 활용한다. 작년 여름에는 잠비아 단기선교팀에 합류하여 그 나라에 학교를 지어주었다. 톰은 특별히 기도의 은사를 갖고 있으며, 일터에서도 그것을 잘 활용하는 중이다. 함께 일하는 사람들을 위해 정기적으로 또 구체적으로 기도하고 있다. 상대방에게 굳이 알릴 필요가 없다고 믿기에, 대다수는 그의 기도 사역에 대해 모르고 있다. 하지만 그는 일터에 몸담은 그리스도인으로서 직원들의 필요를 위해 기도하는 것이 자신의 본분이라고 생각한다. 즉 하나님에게 받은 소명이라고 여기며 묵묵히 건축 현장에서 기도하는 사람으로 우뚝 서 있는 것이다.

몇몇 동료에게 신앙에 관해 얘기한 적도 있다. 누군가 초상을 당하거나 결혼 관계가 깨지거나 갑자기 입원을 할 경우에는, 당사자에게 다가가 "당신을 위해 기도할게요" 하면서 위로의 말을 건넨다. 혹시 일터에서 놀림을 당하는 경우는 없는지 톰에게 물어보라. 그러면 선의의 조롱꾼과 냉소주의자가 없는 건 아니라고 대답할 것이다. 하지만 동시에 아무도 없을 때 가만히 다가와서 아픈 자녀나 연로한 부모를 위해 기도해달라고 부탁하는 동료들도 있다. 톰으로서는 기도의 은사를 교회와 관련된 사안에 국한시켜 활용할 수도 있었을 것이다. 그러나 기도에의 부름은 아주 특별한 은사라서 일주일에 몇 시간만 사용할 수는 없다고 생각한다.

변호사인 데이브는 나와는 30년 지기 친구다. 이따금 그는 전화를 걸어 치킨집이나 볼링장에서 남성들만의 저녁을 갖자고 제안한다. 장소는 변해도 프로그램은 거의 변함이 없다. 약간의 음식과 대화가 오간 뒤, 평소 교회에 대해 심히 못마땅한 인상을 갖고 있는 남성들을 상대로 내가 예수의 복음을 전한다.

데이브는 믿음을 나누는 은사(복음 전도라고 불러도 좋다)를 갖고 있으며, 날마다 그 은사를 활용할 수 있는 길을 모색하고 있다. 그에게 소개받은 친구가 얼마나 많은지 셀 수 없

을 정도다. 그들은 모두 데이브를 통해 이런저런 경위로 신앙생활을 시작한 사람들이다.

최근에 데이브와 함께 외출한 곳은 런던의 피카디리 광장 근처에 있는 분위기가 근사한 음식점이었다. 그는 방을 하나 예약해놓고 런던에 사는 여섯 명의 고객을 점심에 초대했다. 초대의 메시지는 아주 솔직했다. 맛있는 음식과 중요한 문제에 관한 대화. 나는 국회의원인 친구 한 명을 대동했는데, 그는 자기가 원하지도 않았는데 하나님의 강권적인 힘으로 신앙을 갖게 된 놀라운 간증을 가진 사람이라 나는 그의 이야기를 함께 나누고 싶었다.

데이브는 이런 식으로 말문을 열었다. "우리는 사업, 가정, 스포츠, 정치 등 온갖 주제에 관해 얘기를 나누는 좋은 친

9. 내게 맞는 직업은 그 어디에?

구입니다. 그런데 여러분도 아시다시피 내 인생에서 가장 중요한 것은 기독교 신앙이니, 이 주제에 관해서도 얘기하지 않을 수 없군요. 오늘 나는 이안에게 어떻게 하면 신앙을 가질 수 있는지, 그리고 그리스도를 알면 어떻게 인생의 의미를 깨달을 수 있는지에 관해 얘기해달라고 부탁했습니다."

> 여러분도 아시다시피 내 인생에서 가장 중요한 것은 기독교 신앙입니다.

이처럼 데이브가 자기 은사를 활용하여 고객, 동료, 친구, 이웃 등 많은 사람들을 신앙으로 이끈 것은 결코 놀랄 일만은 아니다. 친구 관계와 대화를 통해 그는 많은 사람을 돕는 도구로 사용되었던 것이다. 그가 자기 은사를 주일에만 활용하지 않은 것에 대해 하나님께 감사드린다. 그렇게 제한하기에는 너무도 귀한 은사다.

셜라와 톰과 데이브의 이야기를 들려주면, 어떤 이들은 "나는 절대로 그렇게 못합니다!" 하고 반응할 수도 있다. 하지만 이런 반응은 내 취지를 놓치는 것이다. 그들의 이야기를 하는 것은 하나님이 당신에게 허락하신 자리에서 그분이 주신 은사를 활용하도록 격려하기 위함이다.

만일 주 예수께서 당신에게 영적 은사(들)를 주셨다면, 그 은사는 그분의 몸인 교회를 세우는 데 사용되어야 한다. 그러나 은사의 사용을 기독교 공동체 안으로 제한하지 말라. 그러기에는 너무도 특별하고 귀한 은사니까 말이다.

종종 청소년 부서는 무척 흥미로운 이름이나 명칭을 만

들곤 한다. 내가 들은 것 가운데 최고의 명칭은 "무제한"이라는 이름다. 어떤 신입 회원이든지 모두 환영한다는 뜻이란다. 그러니까 아무 제한 없이 누구나 모임에 참석할 수 있다는 의미다. 내가 알기로 청소년들은 그리스도의 제자가 되는 데도 아무런 제한이 없다는 점을 전달하기 위해 이런 명칭을 사용하고 있다.

우리도 은사 사용에 "무제한"적이 되자!

더 생각할 문제

[1] 당신은 하나님이 당신에게 주신 은사(들)를 파악하고 있는가?

[2] 쉴라, 톰, 데이브 그리고 느헤미야와 다니엘의 이야기를 돌이켜보라. 그들의 이야기에 비추어볼 때 현재 당신은 은사를 어떻게 사용하고 있는가? 교회의 울타리를 넘어서도 활용하고 있는가?

[3] 우리는 교회 교인들이 하나님이 주신 은사를 발견하도록 어떻게 도울 수 있겠는가?

후기
어느 목사의 사례집에서 뽑은 이야기

지난 50년 동안 서양 사회에 중대한 변동이 있었음은 아무도 부인할 수 없는 사실이다. 그로 인해 가정과 일터가 근본적으로 바뀌게 되었다.

1950년대 베스트셀러 대열에 올랐던 한 잡지에 나온 다음과 같은 기사는, 이 사실을 선명하게 보여준다. 기사의 주제는 여성이 남편의 귀가 시간에 맞춰 어떤 준비를 해야 하는가 하는 것이다. 이 글에서 몇 가지를 발췌하면 다음과 같다.

미리 15분 동안 휴식을 취하면 남편이 도착할 때 상쾌한 기분으로 맞을 수 있을 것이다. 화장을 잘 마무리하고 머리에 리본을 꽂아 산뜻한 모습을 갖춰라.

좀더 쾌활하게 굴고 좀더 남편을 위해 재미있는 사람이 되어라. 남편이 지루한 하루를 보냈다면 그의 기운을 북돋울 필요가 있는데, 이는 당신이 제공해야할 의무다.

- 남편이 도착할 즈음에는 세탁기나 건조기, 진공청소기 등 모든 소음을 없애라. 아이들도 조용히 하도록 주의

를 주어라.
- 남편에게 귀를 기울이라. 당신도 하고 싶은 말이 많겠지만, 남편이 퇴근했을 때는 좋은 타이밍이 아니다. 먼저 그에게 말할 기회를 주어라. 항상 명심할 것은 남편이 하고픈 이야기가 당신 것보다 중요하다는 점이다.
- 저녁 시간에는 남편을 주인공으로 삼으라. 집에 늦게 온다거나 당신을 동반하지 않은 채 저녁 식사 약속이 있어 외출한다거나 오락을 즐기는 곳으로 간다고 절대로 불평하지 마라. 대신 스트레스와 압박이 많은 그의 세계를 이해하려고 애쓰라.
- 안락의자를 준비하고 그의 신발을 벗겨주겠다고 제의하라. 나지막하고 나긋나긋하고 유쾌한 목소리로 말하라.
- 남편의 행동에 대해 의문을 제기하지 마라. 그가 집안의 주인인 만큼 언제나 자신의 의지를 공평하고 신실하게 발휘할 것임을 유념하라. 당신에게는 남편에게 의문을 제기할 권리가 없다.[1]

이 글을 내게 읽어준 사람은 아내였는데, 그녀는 마치『기네스 세계 신기록』을 읽는 듯 도무지 못 믿겠다는 표정을 지어 보였다. 노골적인 성차별은 제쳐놓더라도, 남자는 돈벌이에 종사하고 아내는 가정을 지킨다는 기본 가정을 눈여겨보라.

후기: 어느 목사의 사례집에서 뽑은 이야기

이제 그런 시대는 지나갔다. 조금 전 아내와 함께 부엌에 선 채로 재빨리 계산해보니, 우리가 아는 사람만 해도 아내가 직장에 다니고 남편이 살림살이를 도맡아 하는 가정이 여섯이나 되었다.(우리는 각 커플과 접촉해서 배우자를 영접하는 법에 관한 위 지침이 그들에게도 적절한지 물어볼 생각이다!)

한 찬송가는 다음과 같이 노래한다.

변화무쌍한 인생길에서
괴로울 때나 기쁠 때나,
하나님을 찬양하는 소리
내 마음을 잠잠케 하리.
내 입술로 그분을 노래하리라.[2]

거대한 외부 세계나 우리 작은 둥지에 무슨 변화가 일어나든지 간에, 그리스도를 따르기로 한 자들은 한결같이 신실한 그분을 바라보며 안식을 취할 수 있다. 모든 것이 변할지언정 예수는 변치 않는 분이기에.[3]

유행은 왔다가 가고 문화는 거대한 변동을 겪으며, 역사를 통해 과거에 불가능하다고 생각했던 것이 가능하게 되기도 한다. 그 가운데 많은 변동은 더 큰 선을 위한 것이라고 우리는 믿는다. 성경이 예수님을 주님으로 부르는 것은 그분이 역사의 움직임을 주관하는 권위자임을 인정하는 것이다. 잘 알려진 한 찬송가는 그분을 "시간의 주관자"로 묘사하고 있다.[4] 우리는 예수님을 유일한 "시간의 주님"으로 믿고, 주변 세상이 어떻게 변하든지 그분이 모든 것을 주관하신다고 믿는 가운데 담대하게 내일을 맞을 수 있다.

이 책을 계기로 나는 신앙의 여정을 걷는 동안 만났던 몇 사람을 주의 깊게 생각해보았다. 30년 이상 기독교 사역에 종사한 만큼 많은 사람을 만났으며, 그들의 삶과 직업에 관해 깊이 대화하고 함께 기도하는 경험을 많이 했다. 이 마지막 장에서는 일터에서 부딪히는 공통된 어려움을 살펴보고 몇 가지 실제적인 제안을 하고 싶다.

두 세계를 통합하는 것

존 베케트는 엔지니어인데 동시에 많은 책을 쓴 저술가이기도 하다. 그의 첫 번째 저서 『즐거운 월요일, 신나는 일주일』(Loving Monday: Succeeding in Business without Selling Your Soul, CUP 역간)[5]은 세계적인 베스트셀러가 된 책으로, 그가 어떻게 집안 사업을 일으켜 주택 및 상업용 난방기 부품의 제조 및 판매 분야에서 세계적인 선두주자가 되었는지를 얘기하고 있다.

얼마 후 베케트는 그 후속편으로 『월요일을 지배하라: 일터에서 하나님의 나라를 경험하는 길』(Mastering Monday:

Experiencing God's Kingdom in the Workplace)[6]을 썼다. 이 책 가운데 한 장에는 "두 세계를 통합하는 것"이란 제목이 붙어 있는데, 거기서 베케트는 자신의 영적인 여정을 솔직히 나누고 있다. 그는 많은 돈을 버는 것보다 더 큰 목적을 위해 하나님이 자기를 실업계에 두셨다는 것을 깨달은 시기에 관해 이렇게 얘기하고 있다.

> 일종의 응답으로 나는 주님께 헌신하겠다고 약속했다. 내 신앙을 일터에 가져가도록 가능한 모든 일을 하겠다고 다짐한 것이다. 주일에는 이런 사람, 월요일에는 저런 사람이 되는 이중생활을 하지 않을 작정이었다. 나는 "늘 하던 대로" 잔꾀를 부리고 타협하는 것을 그만두기로 했다. 그리하여 그분을 높이고 기쁘게 하는 방식으로 회사를 운영할 생각이었다.
>
> 이렇게 해서 두 세계를 통합하는 나의 여정이 시작되었다. 신앙의 성장이 직업 생활에 직접적으로 영향을 미침을 발견하고 나는 몹시 놀랐다. 그리고 그 반대 방향으로도 마찬가지였다. 일과 연관된 이슈들이 내 신앙을 도전하고 강화시켰으며, 가끔은 기대 이상으로 그런 일이 내 삶에 일어났던 것이다.[7]

존 베케트의 이야기는 더 이상 그만의 이야기가 아니다. 이제껏 두 세계 사이에 양다리를 걸침으로써 결국에는 영적인 불만족에 빠진 많은 사람들이 그와 똑같은 복된 여정을 경험했다. 베케트는 두 세계를 하나로 통합하게 된 경위를 자신의 책에서 자세히 설명하고 있다. 신앙과 일의 통합 과정은 사업의 가치관, 비전, 원칙 모두에 영향을 미쳤던 것이다.[8]

이분화된 세계로부터 통합된 세계로 전환되는 일은 헌신과 초대와 함께 시작된다. "헌신"이란 변화가 일어나는 것을 목도하는 것을, 그리고 "초대"란 그리스도께서 우리의 일터를 채우도록 모시는 것을 일컫는다. 세부적인 문제를 어떻게 처리해야 할지 무척 우려될 수도 있다. 그러나 일단 진정한 헌신과 초대가 이루어지면 자잘한 문제는 자연스럽게 해결될 것이다.

익명의 일중독자들

자기가 하는 일에 잡아먹히는 자들이 출몰하고 있다. 이런 현상 때문에 창안된 말이 바로 일중독(workaholics)이란 단어이다. 알코올 같은 물질에 중독될 수 있는 것처럼 우리는 일에도 중독될 수 있다.

감사하게도 오늘날에는 술이나 약물로 인생을 망친 사

람이 정말로 도움받기 원한다면 얼마든지 도움을 받을 수 있다. 의사, 상담사, 프로그램, 클리닉, 지지 그룹 등이 존재하기 때문이다. 그런데 일에 중독된 경우에는 어디를 찾아가야 할까?

분명히 짚고 넘어가야 할 점이 있다. 무거운 책임을 지고 오랜 시간 일하느라 바쁜 것과 일중독자가 되는 것은 별개의 문제라는 사실이다. 내가 아는 사람 가운데는 열심히 일하되 일중독에는 걸리지 않은 이들도 많이 있다. 양자의 차이점이 가장 뚜렷이 나타나는 때는 일을 다른 무엇의 대체물로 삼는 모습이 노출되는 경우이다. 예를 들어, 오랜 시간 일하는 것이 가족과의 관계를 피하기 위한 방편일 수 있다. 다른 누구보다 일에 더 많은 시간을 쏟아부으려는 경향은, 부모로부터 "잘했다"는 소리를 듣지 못한 데서 생긴 애정 결핍을 해결하려는 그릇된 대체물일 수 있다. 이처럼 일중독에 걸리는 때는 일을 삶의 현실로부터 도피하는 구실로 삼는 경우이다.

| 일중독에 걸리는 때는 일을 삶의 현실로부터 도피하는 구실로 삼는 경우이다. |

다음 격언은 이 점을 잘 표현해준다. "우리는 진정한 삶을 살기 위해 일하는 것이지 일하기 위해 사는 것이 아니다."

내 친구 중에도 여러 명이 일중독에 빠지고 말았는데, 그 가운데 일부는 건강과 결혼 생활을 모두 "망치고" 있는 중이다.

"익명의 알코올 중독자들"(Alcoholics Anonymous, 알코올 중독자 재활협회)는 실로 놀라운 활동을 계속해오고 있다. 이 운동의 두드러진 강점 중 하나는 상호 지지를 강조한다는 점이다. 명백한 취약점을 기초로 한 단체임에도, 구성원들은 나 홀로 싸우는 게 아니라는 동반자 의식을 가짐으로써 그 약점을 극복한다. 이는 오늘날 개인적인 고민을 안고 씨름하는 우리에게도 귀중한 목회적 모델이 될 수 있다. 누구든 일중독 성향의 문제로 심각하게 고민하는 사람이 있다면 그것을 남들과 나눌 필요가 있다. 그 대상은 직장 동료일 수도 있고 의사나 목사가 될 수도 있다.

일중독에서 벗어나는 두 번째 단계는 서로를 책임지는 친구 관계를 만드는 일이다. 당신이 직면하는 압박을 자유롭게 얘기하고 함께 기도할 수 있는 그리스도인을 찾으라. 15세기의 신비주의자였던 아빌라의 테레사는 이렇게 썼다.

기도를 시작할 때는, 동반자를 구하도록 하라.[9]

대단히 실제적인 조언이 아닐 수 없다. 당신이 속한 일의 세계를 놓고 함께 기도할 수 있는 동반자를 구하라. 이 대목을 쓰자니 나의 지난 30여 년이 주마등처럼 지나간다. 그리고 일의 세계와 관련하여 내 기도 동반자가 되어준 일련의 사람들로 인해 하나님께 감사드리게 된다. 폴, 데이비드, 토니, 마이크, 네이선, 니겔 등이 내가 인생과 일의 문제로 씨름할 때 함께 동행해준 친구들이다. 그들과 같은 사람들이 저기서 당신을 열심히 찾고 있는 중이다. 우선 기도부터 하면서 주변을 둘러보라.[10]

"난 아무런 가치도 없는 존재예요"

자기 존재나 하는 일에 대해 자존감이 없는 사람들이 있다.

킴을 예로 들어보자. 사십대 중반의 독신자인 그녀는 알츠하이머병으로 고생하는 아버지를 돌보고 있다. 과거에 킴이 가장 행복했던 시절은 큰 백화점에서 근무할 때였다. 그녀의 사교적인 성격이 판매원으로서 안성맞춤이었기 때문이다. 고객들이 일부러 그녀의 능력을 칭찬할 정도여서, 불과 두어 해 만에 신입 직원을 뽑는 일을 맡아 관리직으로 승진했다. 그러나 어머니가 큰 수술을 받고 전적인 보살핌이 필요하게 되면서 사태가 급변하게 되었다.

처음에는 킴의 회사가 상당 기간 휴직하도록 사정을 봐주었으나 그녀는 오랫동안 복직할 수 없는 상황이었다. 어쩔 수 없이 회사는 그녀를 내보냈지만, 킴이나 회사나 양쪽 모두 킴의 어머니가 돌아가신 뒤에 그녀가 일에 복귀하게 되기를 바랐다. 그런데 어머니가 돌아가시자 이번에는 아버지가 심한 병에 걸려 전적인 간호가 필요한 상태가 되고 말았다. 킴의 간호사 역할이 어머니에서 아버지로 옮겨가게 되었던 것이다.

만일 킴과 마주 앉아 커피를 마시게 된다면, 그녀의 집안 사정에 관해 대화를 시작한 지 얼마 지나지 않아 장기간에 걸친 간병인 생활에서 오는 슬픈 표정을 읽을 수 있을 것이다. 하지만 그녀의 목소리에서 비참한 느낌은 간파할 수 없을 것이다. 이유인즉 외동딸인 자신이 먼저는 어머니를 돌보았고 지금은 아버지를 보살피는 일이 마땅한 본분이라고 확신하기 때문이다. 그럼에도 직장과 좋은 친구들과 정기적인 수입을 잃은 것에 못내 슬퍼했다. 무엇보다도 본인이 가치 있는 존재라는 느낌을 상실한 것을 가장 애통해했다.

당신의 교회에도 킴과 같은 사람이 있을지 모르겠다. 늙은 부모가 아니라 어린아이를 돌보는 처지라 하더라도 사정은 마찬가지다. 그들은 직책이나 연봉 협상에서 제외된 처지이지만 유급 직장인 못지않게 열심히 일하고 있다.

어떻게 하면 킴과 같은 상황의 사람들이 하루 일과에서 보람을 찾을 수 있을까? 당장 해답은 없지만 내 경험으로 볼 때 킴과 같은 사람들이야말로 지역교회에서 최대한 지원해주어야 할 대상이다. 그러나 안타깝게도 이들은 종종 주목받지 못한다. 어쩐 일인지 필요가 더 뚜렷하게 드러나는 다른 교인들에 비해 이들의 우선순위는 낮게 매겨지는 경향이 있다.

후기: 어느 목사의 사례집에서 뽑은 이야기

늙은 부모나 친척 혹은 어린 자녀를 돌보는 사람들은 최고 수준의 지원을 받아야 마땅하다. 지원의 형태는 다양하겠지만, 기본적으로는 그 짐을 나눌 수 있는 소그룹이 필요하다. 그들의 말을 들어주는 귀, 일정 시간을 나누어 어린아이나 노인을 대신 돌봐주는 일, 음식을 만들어 제공하는 것, 압박감이 커질 때 열심히 기도하는 것 등이 거기에 포함될 것이다. 사람을 보살피는 이들도 보살핌이 필요하다.

> 사람을 보살피는 이들도 보살핌이 필요하다.

킴의 교회는 그런 지원을 제공하는 좋은 교회이지만, 2년 전 그녀는 담임목사를 만나 좀더 지원이 필요하다고 자기 사정을 설명한 적이 있었다. 지혜롭게도 목사는 비판의 목소리가 아니라 도움을 요청하는 소리로 받아들였고, 작은 목회 지원 그룹으로 하여금 지원 대상에 킴을 포함시키도록 배려했다. 지금은 지원 그룹의 멤버가 두 주에 한 번씩 킴을 만나 어떤 실제적인 도움이 필요한지 살펴본다. 그리고 킴은 이 정기적인 만남을, 날마다 자기가 짊어지는 짐을 덜 수 있는 기회로 삼고 있다.

사실 실제적인 어려움보다 더 심각한 것은 자존감의 문제다. 그래서 킴은 자기가 그리스도 안에서 누구인지를 더 명확하게 이해하기 위해 상당한 노력을 기울이는 중이다. 얼마 전부터 그녀의 소그룹은 바울이 빌립보 교인에게 보낸 편지를 공부하고 있다. 킴은 공부 내용 중 바울이 자족함의 비결을 배웠다고 쓴 대목에서 큰 도움을 받았다.[11] 그때부터 그녀는 자족함이라는 아이디어에 대해 많이 생각하고 기도해오고 있는데, 장차 자기도 그 비결을 찾게 되길 바란다.

승진의 문제

만일 당신에게 최고의 승진 기회가 찾아왔다면 어떻게 하겠는가? 더 많은 봉급, 더 좋은 차, 더 큰 도전거리, 거기다가 최근에 개발된 신도시로의 이사까지 포함되어 있다면?

글쎄, 당신이라면 어떻게 하겠는가?

참 좋은 질문이다. 이에 대한 답변이야말로, 우리 일의 세계 속에 하나님이 얼마나 관련을 맺고 있는지 보여줄 테니까 말이다. 잠언에 나오는 지혜의 말씀은 우리에게 이런 훈계를 하고 있다.

> 너는 마음을 다하여 여호와를 신뢰하고
> 네 명철을 의지하지 말라.
> 너는 범사에 그를 인정하라
> 그리하면 네 길을 지도하시리라.[12]

우리가 이 말씀을 진지하게 여긴다면, 우리가 어디에 살지 그리고 무슨 일을 할지를 회사가 결정하도록 허용해서는 안 된다. 하나님을 인정한다는 말은 우리의 계획과 찾아온 기회를 그분께 들고 가서 그분의 지도에 열심히 귀 기울이는 것을 뜻한다. 지난날을 돌이켜보면 부끄럽게도 하나님의 길을 찾기보다는 나 자신의 명철에 의지하는 잘못을 저지른 적이 셀 수 없이 많았다.

어느 날 저녁 퇴근한 마크가 나를 만나러 왔던 때가 지금도 생생하게 기억난다. 마크와 이본느 부부는 우리 교회에서 청소년 사역을 열심히 섬기던 교인이었다. 나는 그들의 결혼식에서 주례를 섰고, 둘 모두 우리 가정의 좋은 친구로 지내 왔다.

어느 날 갑자기 마크에게 새로운 직장의 문이 열렸다. 그런데 그 직장을 잡으려면 해외로 이사를 해야 했고, 그럴 경우에는 모든 면에서 엄청난 변화가 일어날 것이었다. 우리는 그 문제를 놓고 얘기하고 기도한 뒤에 두 주간 더 생각하고 나서 다시 만나기로 했다. 그들은 내가 대신해서 결정해주기를 기대한 것이 아니라, 내가 그들의 목사였으므로 그들이 기도하고 곰곰이 생각하는 동안 옆에서 지원해주기를 바랐던 것이다.

우리가 다시 만났을 때 마크는, 그들 부부가 이 새 기회가 주님이 열어주신 문이라는 결론에 도달했음을 알렸고, 그러기까지의 경위를 설명해주었다. 나도 옆에서 함께 기도한 결과 똑같은 결론에 도달한 참이었다. 우리는 함께 울었다. 곧 그들이 여태껏 품었던 정체성과 사역과 특별한 친구들이 있는 안전한 영적 고향을 떠나야 했기 때문이었다. 우리 교회가 청소년 사역을 확장시키려는 바로 그 시점에 훌륭한 교인을 떠나보내는 것은 나로서도 무척 힘든 일이었다. 하지만 서로 작별할 시간에 되었을 때, 우리는 서로의 눈을 바라보며 "주님이 이 일에 함께하셨다!"고 말할 수 있었다.

약 6주 전 마크와 이본느를 다시 만나게 되었는데, 이들 부부는 믿음의 결정을 내린 덕분에 하나님이 이루어주신 여러 좋은 일을 간증했다. 불가피한 차질과 실망거리도 없진 않았지만, 직장, 가정, 교회, 친구 관계 등 모든 면에서 풍성한 삶을 누렸다고 한다. 문득 수년 전의 그 눈물 어린 이별 장면이 떠올랐다. 그리고 내 마음은 직장 문제를 놓고 믿음으로 예수님께 자문을 구했던 이 제자들에 대한 자랑스러움으로 한껏 고조되었다.

실망감이 장애로

루이스 해밀턴이란 이름을 아는 사람은 많지만 웨슬리 그레이브스를 아는 경우는 드물 것이다. 사실 이 둘은 한때 동일한 운명을 타고난 듯이 보였다.

후기: 어느 목사의 사례집에서 뽑은 이야기

　루이스 해밀턴은 세계적으로 유명한 포뮬러 원 자동차 경주자요 월드 챔피언십의 강력한 우승 후보가 된 데 반해, 웨슬리는 실업자 신세가 되어 집에서 놀고 있다. 둘은 모두 일찍이 어린이용 놀이차 경주 대회에서 두각을 나타냈던 유망주들이었다. 포뮬러 원 제조팀의 맥라렌이 그들을 등록시켰는데, 그때 루이스는 열세 살, 웨슬리는 열두 살밖에 되지 않았다. 그런데 1년이 흐른 뒤 루이스는 계속 팀에 남기고 웨슬리는 탈락시키기로 결정되었다. 며칠 전 나는 웨슬리와의 인터뷰 기사를 읽고 마음이 아팠다.[13]

　그 기사로 보건대, 웨슬리와 가족은 아직도 배척받은 감정과 실망감에서 벗어나지 못하고 있음이 분명하다. 그의 부모는 아들의 경력을 되살리려고 돕다가 사업과 집을 모두 날렸다. 웨슬리는 마음의 상처 때문에 텔레비전으로도 그랑프리 경주를 도무지 볼 수 없다고 한다. 루이스는 모든 시대를 통틀어 최고로 부유한 영국의 자동차 스타가 된 반면에, 웨슬리의 앞날은 갈수록 더 어두워지기만 하는 것 같다.

　나는 적어도 지금은 웨슬리가 실망감으로 인해 장애인 상태라고 느꼈다. 과거에도 비슷한 처지에 빠진 많은 사람을 만난 적이 있었다. 그들의 이야기는 웨슬리만큼 드라마틱하지는 않지만 똑같은 후유증을 보여준다.

　큰 실망감 뒤에 오는 이런 후유증은 구조 조정으로 해직을 당하거나 승진에서 누락되거나 불공평한 해고를 당하거나 일터에서 만사가 잘못되는 바람에 생길 수 있다. 이런 사건 뒤에는 항상 상처받고 분노하고 깊이 실망한 누군가가 남게 되기 때문이다.

과거 다른 교회에서 일하던 시절, 동역자인 다른 목사와 어떤 가정에 심방을 간 적이 있었다. 이야기를 하면서 우연히 청소년부 멤버인 그 집 십대 아들에게 사소한 문제가 있다는 것을 알게 되었다. 그런데 놀랍게도 처음에는 낮고 침착한 어조로 시작되었던 대화가 그 집 아버지의 분노가 크게 폭발하는 바람에 금방 뜨겁게 달아올랐다. 급기야 심방은 주먹 싸움으로 끝날 것 같은 험악한 상태로까지 진전되었다. 아버지와 내 동료, 둘 다 씩씩대고는 있었지만, 영적 전쟁이 이상한 방향으로 흐를 것을 우려한 동료 목사가 먼저 뒤로 후퇴했다.

사건의 사후 처리가 필요해서 나중에 사정을 들어보니 배후에 슬픈 이야기가 있었다. 그 아버지는 여러 해 동안 평판이 좋은 직업을 갖고 있었는데, 회사가 다른 데로 넘어가는 바람에 그의 직책이 불필요하게 되었다. 당시만 해도 고용법이 허술한 편이어서 약간의 보너스를 덤으로 받고 회사를 그만두게 되었으며 공정한 재판을 받을 여지도 없었다.

그 후로 그는 다시는 일을 하지 않았고 늘 원한에 사무쳐 살아가고 있었다. 그래서 권위를 대변하는 사람이나 기구는 무엇이든 이 실업자 가장의 비방 대상이 되었던 것이다. 주차

금지 구역을 확장하는 자치 위원회, 아이가 귀가할 때 달갑잖은 성적표를 주는 담임선생님, 가격을 올리는 야채 장수, 사춘기 소년의 사소한 문제를 얘기하러 심방한 침례교 목사 등. 날이면 날마다 나는 주변에서 상처받은 사람들과 마주치는데, 이는 목회적인 보살핌이 필요한 중요한 현실이다.

사람들이 상처를 안고 씨름하는 모습을 보면서 내가 깨달은 것이 하나 있다. 큰 실망감이 찾아올 때 어떻게 반응할 것인가에 대해 우리에게는 어느 정도 선택할 여지가 있다는 사실이다. 실망감이 우리를 통제하도록 허용할 것인지, 아니면 반대로 우리가 실망감을 통제하여 다른 방향으로 돌릴 것인지 선택할 수 있다는 뜻이다. 그런 유독한 감정이 우리를 통제하도록 내버려두면 우리는 원한에 사무치고 용서하지 못하는 데서 오는 후유증에 시달리게 된다. 반면 그 감정을 적절한 방향으로 돌리기로 하면, 하나님의 은혜로 더 나은 인격으로 자랄 수 있는 가능성이 많다.

물론 이렇게 되려면 시간도 걸리고 종종 노련한 상담도 필요하다. 하지만 본인이 어느 길을 선택하느냐 하는 것이 가장 중요한 열쇠다.

전임 사역자의 소명

하나님이 자신을 전임 사역자로 부르는 게 아닌가 하고 생각하는 사람들과 대화를 나눌 기회가 많이 있었다. 그런 경우 내가 맨 먼저 주는 충고는 "이 소명을 피하기 위해 할 수 있는 모든 것을 해보라"는 것이다.

기독교 사역은 직업 선택의 일환이 아니다. 그것은 한 인생에게 오는 하나님의 부르심과 함께 시작되는데, 이 점을 가장 잘 보여주는 대목이 선지자 아모스가 자기 입을 막으려는 직업적인 제사장에게 한 답변이 아닌가 생각된다.

> 나는 선지자가 아니며 선지자의 아들도 아니라. 나는 목자요 뽕나무를 재배하는 자로서, 양 떼를 따를 때에 여호와께서 나를 데려다가 여호와께서 내게 이르시기를, "가서 내 백성 이스라엘에게 예언하라" 하셨다.[14]

아모스가 원래 직업을 그만두게 된 것은 하나님의 부르심 때문이었다. 바로 그 소명감에 확고하게 붙들렸기 때문에 여론의 흐름이 자기를 무너뜨리려고 위협할 때도 흔들리지 않을 수 있었다.

하나님의 부르심은 모든 형태의 기독교 사역에 필요한 기본 자격이다. 유명한 신용카드 광고 문구처럼 "그것이 없이는 절대 집을 떠나지 마라."

기독교 사역을 피하기 위해 모든 걸 해보라고 충고하는 것은, 하나님이 정말로 부르고 계시다면 그들이 피할 수 없을 것임을 주장하기 위함이다. 반드시 조언을 구하고 사역에 포함된 것을 검토하며 그 문제를 놓고 기도하라. 그러나 교회 사역을 직업적인 선택의 하나로 구하지는 말라. 무엇보다도 현재 직업이 따분하기 때문에 사역의 문을 두드리지는 마라. "옆집의 잔디가 더 푸르게 보이기 때문에" 사역의 길을 택할 때가 많은데 전적으로 비현실적인 생각이다. 전임 기독교 사역자도 어느 직업 못지않게 많은 스트레스를 받는다. 거기다가 당신이 생각지도 못한 몇 가지 스트레스가 더 있을지도 모른다.

어쩌면 지금 당신이 있는 그곳이, 주님이 당신을 부른 사역의 현장일지도 모른다. 하지만 만일 그분이 다른 무엇을 준비하고 계시다면, 적절한 때에 당신에게 보여주실 것으로 믿어도 좋다.

성장과 배움이 있는 삶

저메인 그리어는 "당신의 젊음은 한 번뿐이지만 미성숙한 모습은 영원히 이어질 수 있다"는 유명한 말을 남겼다.[15]

교육학자들은 "평생 교육"이란 말을 만들어서 교육에는 시작과 끝이 없다는 점을 상기시켰는데, 이처럼 교육은 하나의 과정이요 여정이며 어떤 의미에서는 모험이라고도 할 수 있다.

이제 다음 내용을 소개함으로써 이 책을 마무리하는 게 좋을 듯하다. 며칠 전에 "월요일의 하나님: 성경과 비즈니스"(God on Monday: the Bible and Business)[16]라는 제목의 글을 읽었다. 리처드 히긴슨 박사[17]가 쓴 글로, 교회 예배 때에 기도하는 주제에 관한 연구 조사 결과를 싣고 있었다. 기도 주제 빈도에 따라 다음과 같이 분류했다.

- 자주 기도하는 주제: 성직자, 교회 직원, 선교사
- 종종 기도하는 주제: 교사, 의사, 간호사, 사회복지사 등 남을 돕는 직업에 종사하는 사람
- 이따금 기도하는 주제: 정치인, 경찰, 군인 등 국가의 공직자나 법과 질서를 유지하는 사람
- 거의 기도하지 않는 주제: 세일즈맨, 회계사, 엔지니어 등 상업 세계에 종사하는 사람

이 목록을 읽고 나자 부끄럽게도 공적 예배를 계획하고 주도하는 자로서, 솔직히 나의 기도 주제도 그런 식이라는 사실을 깨닫게 되었다. 이런 습관은 분명 바뀔 필요가 있다.

후기: 어느 목사의 사례집에서 뽑은 이야기

　지금도 나는 신앙생활과 일의 세계를 더 잘 통합할 수 있는 방법에 대해 계속 배우고 있는 중이다.

　평생 교육을 연구하는 사람들이 다양한 연령대를 대상으로 어떤 새로운 교훈을 배우고 있는지 조사한 적이 있었다. 그 가운데 내 마음에 들었던 것은 93세 된 남자가 한 응답이다. "내 나이에도 아직도 배울 게 많다는 걸 배우고 있어요." 평생 배움을 계속해야 하는 이는 이 노인만이 아니다.

더 생각할 문제

- - - -

[1] 당신은 변화에 어떻게 대처하는가? 변화에 긍정적으로 대처하는 법을 배운 적이 있다면 그에 관해 얘기해보라.

[2] 이 장에서는 일과 관련하여 발생하는 가장 흔한 문제 여섯 가지를 다루었다. 이 밖에 당신이나 주변에 다른 그리스도인이 겪는 다른 어려움이 있다면 얘기해보라.

[3] 이 책은 평생 교육이란 주제와 함께 끝나고 있다. 당신은 현재 무엇을 배우는 중인가?

[4] 이 책에서 당신이 배운 통찰력은 어떤 것인가? 그 결과 당신이 지금까지와 달리 생각하거나 실천해야 할 것이 있다면? 당신이 성찰한 것을 하나님께 말씀드리라.

주

머리말_ 내가 걸어온 여정

1. 『메시지』, 롬 12:1.

1장_ 저주인가, 축복인가?

1. 창 3:17-19.
2. 창 3:23.
3. 창1:31.
4. 창 1:26-27.
5. 시 8:4-6.
6. 마 22:37-40.
7. 창 1:28.
8. 창 2:15-17.
9. 창 2:18.
10. 고전 15:20-22.
11. William Barclay, *Prayers for the Christian Year* (New York: Harper, 1965).

2장_ 하나님은 월요일에 무슨 일을 하실까?

1. 골 3:24.
2. 골 3:2.
3. 골 3:22-4:1.
4. 율리우스 카이사르는 갈리아 원정(주전 58-51년 사이)에서 거

의 백만 명이나 되는 전쟁 포로를 이탈리아로 보내 노예로 만들었다고 전해지고 있다.
5. 노예제는 21세기에도 엄연히 존재하고 있다. UN에 따르면 2,000만 명이 노예 노동에 시달리며, 국제노동기구는 1억 7,900만 명의 어린이가 건강과 복지에 해로운 일에 종사하고 있다고 한다. 유럽에서는 인신매매가 현대판 범죄로 기승을 부리고 있어 정부들이 새로운 법을 마련하는 중이다. 인신매매에 연루된 많은 젊은 여성들은 억지로 섹스 산업에 끌려들어 가고 있다.
6. 골 3:22-24.
7. 골 4:1.
8. 딤후 1:12.
9. 고전 7:17-24.
10. 골 3:23.
11. 마 22:21.
12. 골 3:25.
13. 골 4:1.
14. 골 3:17.

3장_ 내 일이 너무 싫은 걸 어떡해!

1. 단 1:1.
2. 단 1:2.
3. G. Campbell Morgan.
4. P.T. Forsyth, *Positive Preaching and the Modern Mind* (New York: Armstrong, 1907), p. 47.
5. 잠 4:23.
6. 단 1:8-17.
7. 단 1:8.
8. 이 이야기는 단 6:1 이하에 나와 있다.
9. 단 6:26.

10. 단 1:17
11. 단 2:27.
12. 신 8:17-18.

4장_ 자전거에 올라타라
1. 바울의 방문에 관해서는 행 17:1-9을 보라.
2. 살전 3:6.
3. 살후 3:6.
4. 새번역 살전 4:11-12.
5. Bruce W. Winter, *Seek of the Welfare of the City: Christians as Benefactors and Citizens* (Carlisle: Paternoster, 1994), p. 41-60을 참조할 것.
6. 살전 3:11.
7. 고전 9:18.
8. 새번역 살후 3:7-9.
9. 살후 3:10.
10. 살후 3:12.
11. 살후 3:14-15.
12. 이를테면 바울이 그레데 섬에서 목회했던 디도에게 한 말을 보라(딛 1:12-13).
13. 새번역 전 7:18.
14. Krish Kandiah, *Twenty-Four: Intergrating Faith and Real Life* (Bletchley: Authentic, 2007), p. 51.
15. 살후 3:13.

5장_ 바람 속에서도 꿋꿋이 타오르는 촛불처럼
1. 창 37:3에는 "화려한 장식이 달린 옷"으로 되어 있다. 유명한 뮤지컬「요셉과 총천연색 외투」(팀 라이스와 앤드류 로이드-웨버)

는 딱 맞는 의상을 선보인 것 같지는 않다! 데이비드 포슨의 글을 인용하면 이렇다. "성경에서 말하는 것은 총천연색 외투가 아니라 긴 소매가 달린 코트였을 가능성이 높다. 요셉이 일꾼들을 지휘하는 감독이었기 때문에 육체노동을 하지 않아도 된다는 표시로 그 옷을 입힌 것이다. 요셉은 장남이 아닌데도 그처럼 편애를 받은 연고로 형들의 분노를 샀던 것이다." J. David Pawson, *Unlocking the Bible Omnibus* (London: Harper Collins, 2003), p. 88.
2. 요셉 이야기의 전체는 창 37:12부터.
3. 창 39:2-6.
4. 삼상 2:30.
5. Les Worrall and Cary Cooper, *The Quality of Working Life*, 1999 *Survey of Manager's Changing Experiences*, Institute of Management, quoted in an article by Mark Greene, Director of the London Institute for Contemporary Christianity, in *Christianity Magazine*, June 2000.
6. *Daily Mail*, 10 May 2000.
7. 일터에서 받는 스트레스에 관해서는 BUPA 웹사이트를 참고하라. http://hcd2.bupa.co.uk/fact_sheets/html/stress_workplace.html.
8. 이 이야기의 전체 줄거리는 창 39:6-20에 나온다.
9. 잠 1:7.
10. 창 39:10.
11. Martin Kelly quoted in the *Baptist Times*, April 2000.
12. 창 39:20-23.
13. 창 50:19-21을 보면, 최고 권좌에 오른 요셉이 자기를 팔아먹은 형들을 용서하는 장면이 나온다. 그의 믿음의 진술은 실로 놀랍기 그지없다.
14. 시 105:18-19.
15. 창 37:5-11과 42:6을 비교하라.
16. Pawson, *Unlocking the Bible Omnibus*, p. 92.

6장_ 내 나이 예순넷이 되어도

1. 새번역, 전 3:1.
2. 시 23:6.
3. 1999년 9월, 노동당 대회에서의 연설 중 일부.
4. 데브라의 놀라운 이야기는 다음 책에 나와 있다. *The Journey-How to Achieve Against the Odds* (Shoal Projects Ltd, 2007).
5. 전 9:10.
6. 마 6:25-34.
7. 마 6:33.

7장_ 친구의 도움을 받아

1. 더 알고 싶으면 다음 웹 사이트를 방문하라. www.lionhearts.org.uk.

8장_ 예수님을 위해 소젖을 짠다고?

1. 신 8:17-18.
2. 딤전 6:6-10.
3. 읽기 쉽고 실제적인 전도서 강해로는 Derek Tidball, *That's Just the Way It Is—A Realistic View of Life* (Ross-shire: Christian Focus Publications, 1998)이 있다.
4. '전도자'는 히브리어 단어 *Qoheleth*와 그리스어 단어 *Ecclesiastes*를 번역한 것이다. 그 의미는 "'하나님의 존전으로 나가도록 사람들을 모으는 사람'이다. 오늘날로 말하면 목사들이 하는 역할이다. 이 단어는 인명이 아닌 직분을 가리키는 것이 분명한 만큼, 이 책의 내용은 종교 지도자가 자신의 리더십 아래 모이는 사람들의 건강을 유지하는 일과 관련이 깊은 것 같다." Eugene H. Peterson, *Five Smooth Stones for Pastoral Work* (Grand Rapids: Eerdmans, 1992), p. 156-157. 『유진 피터슨의 다시 일어서는 목회』(좋은씨

앗 역간).
5. 전 1:2.
6. 전 1:12-18.
7. 전 2:1-3.
8. 전 2:4.
9. 전 2:7-8a.
10. 전 2:8b-9.
11. 전 2:10-11.
12. 전 2:17.
13. 전 2:18.
14. 전 2:19.
15. 전 2:22-23.
16. Mark Greene, "Slave New World" (www.licc.org.uk).
17. 인용의 출처는 Rob Parsons, *The Sixty Minute Father* (London: Hodder and Stoughton, 1995).
18. 전 2:24.
19. 새번역 전 2:24-25.
20. 전 2:26.
21. 롬 12:1.

9장_ 내게 맞는 직업은 그 어디에?

1. 2007년 9월 8일자 *The Week*에 실린 내용.
2. 고전 12:4.
3. 고전 12:12-31 외에도 고전 14:1-40; 롬 12:6-8; 엡 4:7-13; 벧전 4:7-11 등을 참고하라.
4. C. Peter Wagner, *Discover Your Spiritual Gifts* (Ventura, California: Regal Books, 2005). 『은사를 발견하라』(규장 역간).
5. "바울은 은혜의 은사가 전혀 없는 그리스도인은 있을 수 없다고 생각했다. 동시에 한 개인이 한 가지 이상의 은사를 갖고 있을 수

도 있다." Colin Brown (ed.), *The New International Dictionary of New Testament Theology*, vol. 2 (Exeter: Paternoster Press, 1976), p. 121.
6. 고전 12:4-6.
7. 성령의 열매에 포함되는 것은 갈 5:22-25에 나와 있다.
8. 고전 14:1.
9. 마 10:16.
10. 단 2:27 이하를 보라. 여기서 다니엘이 느부갓네살의 꿈을 해석하는 능력이 하나님의 선물임을 즉시 인정하는 모습에 주목하라.
11. 에 4:14.

후기_ 어느 목사의 사례집에서 뽑은 이야기

1. *Housekeeping Monthly*, 13 May 1955.
2. 이 가사의 작사가는 Nahum Tate (1652-1715)와 Nicholas Brady (1659-1726).
3. 히 13:8.
4. 인용된 찬송가는 "Crown Him With Many Crowns", 가사는 Matthew Bridges (1800-94)가 썼다.
5. John D. Beckett, *Loving Monday: Succeeding in Business without Selling Your Soul* (Nottingham: IVP, 1998).
6. John D. Beckett, *Mastering Monday: Experiencing God's Kingdom in the Workplace* (Nottingham: IVP, 2006).
7. 앞의 책 p. 22.
8. 존 베케트가 "회사의 로드맵"이라고 부르는 것에 대해서는 www.beckettcorp.com을 참고하라.
9. 이 문장은 조나단 아잇켄이 자신의 영적인 여정에서 기도 동반자가 얼마나 중요했는지를 설명할 때 인용한 성 테레사의 문장이다. Jonathan Aitken, *Pride and Perjury* (London: HarlerCollins, 2000), p. 266.

10. 여성보다 남성이 기도 동역 관계를 맺는 것을 더 어려워하는 것 같다. 이런 측면에서 도움이 필요하면 다음 웹 사이트를 참고하라. www.lionhearts.org.uk.
11. 빌 4:10-13.
12. 잠 3:5-6.
13. 기사의 출처는 The Week, 11 August 2007, p. 48-49.
14. 암 7:14-15.
15. 출처는 the Independent, July 2007.
16. Encounter with God, Bible Reading Notes, July-September 2007 (Milton Keynes: Scripture Union), p. 92-95.
17. 리처드 히긴슨 박사는 리들리 홀의 윤리 및 리더십 담당 강사인 동시에, 기독교 신앙과 비즈니스 세계의 관계를 연구하는 리들리 홀 파운데이션의 디렉터이다. 또한 계간 Faith in Business의 공동 편집인이자 Transforming Leadership (SPCK)와 Questions for Business Life (Spring Harvest)의 저자이기도 하다.

하나님은 월요일에 무슨 일을 하실까?
당신이 하는 일과 신앙의 관계

Copyright ⓒ 새물결플러스 2011

1쇄 발행 2011년 10월 10일
4쇄 발행 2019년 11월 1일

지은이 이안 코피
옮긴이 홍병룡
펴낸이 김요한
펴낸곳 새물결플러스

편 집 왕희광 정인철 박규준 노재현 한바울
정혜인 이형일 서종원 나유영 노동래
디자인 윤민주 황진주 박인미 이지윤
마케팅 박성민 이원혁
총 무 김명화 이성순
영 상 최정호 조용석 곽상원
아카데미 차상희

홈페이지 www.holywaveplus.com
이메일 hwpbooks@hwpbooks.com
출판등록 2008년 8월 21일 제2008-24호
주 소 (우) 04118 서울특별시 마포구 마포대로19길 33
전 화 02) 2652-3161
팩 스 02) 2652-3191

ISBN 978-89-94752-11-2 03230

책값은 뒤표지에 있습니다.